SCHMIDT (Hrsg.)

HSOG und HSOG-DVO

Hessisches Gesetz über die öffentliche Sicherheit und Ordnung

und

Verordnung zur Durchführung des Hessischen Gesetzes über die öffentliche Sicherheit und Ordnung und zur Durchführung des Hessischen Freiwilligen-Polizeidienst-Gesetzes

(HSOG und HSOG-DVO)

herausgegeben von

Peter Schmidt, Leitender Polizeidirektor

Hessisches Ministerium des Innern und für Sport

5. Auflage, 2023

BOORBERG

Bibliografische Information der Deutschen Nationalbibliothek | Die Deutsche Nationalbibliothek verzeichnet diese Publikation in der Deutschen Nationalbibliografie; detaillierte bibliografische Daten sind im Internet über www.dnb.de abrufbar.

5. Auflage, 2023
ISBN 978-3-415-07366-1

Titelfoto: © Goodpics - stock.adobe.com | Satz: Richard Boorberg Verlag GmbH & Co KG, Stuttgart | Druck und Verarbeitung: Plump Druck & Medien GmbH, Rolandsecker Weg 33, 53619 Rheinbreitbach

Richard Boorberg Verlag GmbH & Co KG | Scharrstraße 2 | 70563 Stuttgart
Stuttgart | München | Hannover | Berlin | Weimar | Dresden
www.boorberg.de

Vorwort

Die Gründung der Hessischen Hochschule für öffentliches Management und Sicherheit (HöMS) zum 01. 01. 2022[1] und deren Verankerung in einem eigenen (zehnten) Abschnitt des Hessischen Hochschulgesetzes[2], verändert nicht nur die hessische Bildungslandschaft im Bereich der Polizei und der Allgemeinen Verwaltung. Auch die im Hessischen Gesetz über die Öffentliche Sicherheit und Ordnung (HSOG) sowie der Durchführungsverordnung (HSOG-DVO) enthaltenen Vorschriften waren aufgrund dieser Organisationsreform anzupassen. Nach fast zwei Jahren Anlass genug für eine überarbeitete und aktualisierte fünfte Auflage dieses Bandes aus der Reihe „Schnell informiert".

Die aktuellsten Anpassungen des HSOG und der die Anwendung des Gesetzes regelnden HSOG-DVO resultieren aus der besonderen Aufgabenvielfalt der neu gegründeten HöMS, die Hochschule und Polizeibehörde unter einem Dach vereint und damit eine bundesweit einmalige Organisationsstruktur aufweist, da sie sowohl staatliche Hochschule ist als auch polizeibehördliche Aufgaben wahrnimmt. Während die hochschulischen Aufgaben bislang an der Hessischen Hochschule für Polizei und Verwaltung (HfPV) verortet waren, wurden die polizeilichen Aufgaben zuvor durch die Polizeiakademie Hessen (HPA) wahrgenommen (§ 113 Abs. 5).

Die erfolgte Organisationsreform führt einerseits zu lediglich namensändernden Anpassungen dieses Gesetzes (z.B. § 20 Abs. 8 Satz 1, § 24 Satz 2 Nr. 2 oder § 95 Abs. 2). Andererseits ist an mehreren Stellen immer wieder darauf zu verweisen, dass die Hochschule eben gerade nicht gesamtorganisatorisch als Polizeibehörde (§ 91 Abs. 2 Nr. 2 Buchst. e) wirkt, sondern nur soweit sie Aufgaben nach § 95 Abs. 2 wahrnimmt. Diese Einschränkung umfasst entsprechend zugewiesene Befugnisse (z.B. § 20 Abs. 8 Satz 1) und Pflichten (z.B. § 97 Abs. 2 Satz 1), aber auch die Hochschule betreffende Aufsichtsregelungen (§ 96 Abs. 1 Satz 3).

Gut erkennbar wird diese Doppelfunktionalität der neuen Hochschule beim Blick auf § 24 Satz 2: Soweit sie als Polizeibehörde handelt, ist sie ohne Beschränkungen zum Abruf berechtigt (Nr. 1). Handelt sie als Hochschule, ist sie nur zum Abruf zugelassen, soweit dies für die Aus- und Fortbildung im Polizeidienst erforderlich ist (Nr. 2).

In der Durchführungsverordnung finden die o.a. Änderungen ihren vergleichbaren Niederschlag in § 9 sowie § 3 Nr. 2 Buchst. k. Neben den

---

1 Gesetz zur Gründung der Hessischen Hochschule für öffentliches Management und Sicherheit vom 30. September 2021 (GVBl. S. 622, 675).

2 Hessisches Hochschulgesetz (HessHG), verkündet als Artikel 1 des Gesetzes zur Neuregelung und Änderung hochschulrechtlicher Vorschriften und zur Anpassung weiterer Rechtsvorschriften vom 14. Dezember 2021 (GVBl. S. 931).

Änderungen mit Bezug auf die Gründung der neuen Hochschule soll aber auch auf die davon losgelöste Ergänzung dieser Vorschrift durch § 12a hingewiesen werden, die Beamtinnen und Beamten des Justizvollzugs für den Bereich des Gefangenentransports die Hilfspolizeibeamteneigenschaft zuerkennt.[3]

Das HSOG bildet den erforderlichen rechtlichen Rahmen, den es braucht, um die Bevölkerung erfolgreich vor Gefahren für deren Sicherheit zu schützen und legitimiert polizeiliche Maßnahmen, die unter anderem effektiv und zeitgemäß gestaltet sein müssen. Hierzu wird es kontinuierlich auf seine Wirksamkeit und erforderlichen Anpassungsbedarf hin überprüft, initiiert beispielsweise durch gesellschaftliche, polizeiliche, technische oder – wie in diesem Fall – organisatorische Entwicklungen. Das „Prüfergebnis" wiederum spiegelt sich dann regelmäßig in entsprechenden Änderungen der gesetzlichen Regelungen wider.

Der vorangestellte Überblick zu den aktuellen Änderungen zeigt zudem erneut, wie wichtig und teilweise schwierig es für jede Polizeibeamtin und jeden Polizeibeamten – aber auch alle anderen vom Regelungsbereich dieser Vorschriften Betroffenen – ist, sich auf einem möglichst aktuellen Stand hinsichtlich der geltenden Rechtsgrundlagen u. a. polizeilichen Handelns zu halten. Einerseits ist dies eine der Anforderungen an eine aufgabenbezogene und handlungssichernde sowie kompetenz- und zukunftsorientierte Aus- und Fortbildung. Andererseits aber auch Teil der Eigenverantwortlichkeit insbesondere jeder Beamtin und jedes Beamten.

Die Aufnahme des HSOG und der zugehörigen HSOG-DVO in die Reihe „Schnell informiert" erwies sich von Beginn an als Erfolg und eine dauerhaft nachgefragte zweckmäßige Ergänzung der anderen Druckwerke des Verlags zur Kommentierung und systematischen Darstellung dieser Rechtsgrundlagen. Aufgrund des handlichen und alltagstauglichen Formats eignet sich dieses kompakte Druckwerk insbesondere als ständiger Begleiter im täglichen Dienst und unterstützt so die individuelle Handlungs- und Entscheidungssicherheit vor Ort.

Peter Schmidt — Wiesbaden, im November 2022
Leitender Polizeidirektor
Hessisches Ministerium des Innern und für Sport

3 Siebte Verordnung zur Änderung der Verordnung zur Durchführung des Hessischen Gesetzes über die öffentliche Sicherheit und Ordnung und des Hessischen Freiwilligen-Polizeidienst-Gesetzes vom 2. Dezember 2021 (GVBl. S. 819).

Inhaltsverzeichnis

Hessisches Gesetz über die öffentliche Sicherheit und Ordnung (HSOG)

in der Fassung der Bekanntmachung vom 14. Januar 2005 (GVBl. I S. 14), geändert durch Gesetze vom 21. März 2005 (GVBl. I S. 229), vom 17. Oktober 2005 (GVBl. I S. 674), vom 28. September 2007 (GVBl. I S. 634), durch Entscheidung des BVerfG vom 11. März 2008 (BGBl. I S. 541), durch Gesetze vom 19. November 2008 (GVBl. I S. 970), vom 14. Dezember 2009 (GVBl. I S. 635), vom 12. Dezember 2012 (GVBl. S. 581), vom 27. Mai 2013 (GVBl. S. 218), vom 27. Juni 2013 (GVBl. S. 444), vom 29. April 2015 (GVBl. S. 202), vom 28. September 2015 (GVBl. S. 346), vom 4. Mai 2017 (GVBl. S. 66), vom 3. Mai 2018 (GVBl. S. 82), vom 25. Juni 2018 (GVBl. S. 302), vom 23. August 2018 (GVBl. S. 374), vom 7. Mai 2020 (GVBl. S. 318), vom 30. September 2021 (GVBl. S. 622)

– FFN 310-63 –

Übersicht

ZWEITER TITEL

Ausübung unmittelbaren Zwanges

FÜNFTER ABSCHNITT

Schadensausgleich, Erstattungs- und Ersatzansprüche

SECHSTER ABSCHNITT

Gefahrenabwehrverordnungen

ZWEITER TEIL

Organisation und Zuständigkeiten

ERSTER ABSCHNITT

Allgemeines

ZWEITER ABSCHNITT

Gefahrenabwehrbehörden

ERSTER TITEL

Behörden der allgemeinen Verwaltung

ZWEITER TITEL

Ordnungsbehörden

DRITTER ABSCHNITT

Polizeibehörden

ERSTER TEIL
Aufgaben und Befugnisse

ERSTER ABSCHNITT
Aufgaben und allgemeine Vorschriften

§ 1 Aufgaben der Gefahrenabwehr- und der Polizeibehörden

(1) Die Gefahrenabwehrbehörden (Verwaltungsbehörden, Ordnungsbehörden) und die Polizeibehörden haben die gemeinsame Aufgabe der Abwehr von Gefahren für die öffentliche Sicherheit oder Ordnung (Gefahrenabwehr), soweit dieses Gesetz nichts anderes bestimmt. Sie haben im Rahmen dieser Aufgabe auch die erforderlichen Vorbereitungen für die Hilfeleistung in Gefahrenfällen zu treffen.

(2) Die Gefahrenabwehr- und die Polizeibehörden haben ferner die ihnen durch andere Rechtsvorschriften zugewiesenen weiteren Aufgaben zu erfüllen.

(3) Der Schutz privater Rechte obliegt den Gefahrenabwehr- und den Polizeibehörden nach diesem Gesetz nur dann, wenn gerichtlicher Schutz nicht rechtzeitig zu erlangen ist und wenn ohne gefahrenabwehrbehördliche oder polizeiliche Hilfe die Verwirklichung des Rechts vereitelt oder wesentlich erschwert werden würde.

(4) Die Polizeibehörden haben auch zu erwartende Straftaten zu verhüten sowie für die Verfolgung künftiger Straftaten vorzusorgen (vorbeugende Bekämpfung von Straftaten).

(5) Die Polizeibehörden leisten anderen Behörden Vollzugshilfe (§§ 44 bis 46).

(6) Alle Behörden haben bei der Gefahrenabwehr zusammenzuarbeiten. Insbesondere haben sie sich unverzüglich gegenseitig über Vorgänge, deren Kenntnis für die Aufgabenerfüllung der anderen Behörde bedeutsam erscheint, zu unterrichten. Die Gefahrenabwehrbehörden und die Polizeibehörden sollen im Rahmen der Gefahrenabwehr gemeinsame Arbeitsgruppen (Kriminalpräventionsräte) bilden; diese sollen auch Personen und Institutionen aus unterschiedlichen Bereichen und Aufgabenfeldern, die zur Kriminalprävention beitragen können, aufnehmen. Die Vorschriften über den Schutz personenbezogener Daten (§§ 12 bis 29a) bleiben unberührt.

§ 2 Aufgabenabgrenzung

Die Ordnungsbehörden (allgemeine Ordnungsbehörden, Sonderordnungsbehörden) und die Polizeibehörden werden in Erfüllung der Aufgaben der Gefahrenabwehr außer in den Fällen des § 1 Abs. 1 Satz 2 nur tätig, soweit die Abwehr der Gefahr durch andere Behörden, die Aufgaben der Gefahrenabwehr zu erfüllen haben, nicht oder nicht rechtzeitig möglich erscheint. Die sonstigen Aufgaben der Gefahrenabwehr sind allgemeine Verwaltungsaufgaben. Sie sind von den Landkreisen und Gemeinden zu erfüllen, soweit nicht die Zuständigkeit einer Behörde der Landesverwaltung durch Rechtsvorschrift begründet ist.

§ 3 Geltungsbereich

(1) Die Vorschriften dieses Gesetzes finden Anwendung bei der Erfüllung von Aufgaben der Gefahrenabwehr und weiterer Aufgaben nach § 1. Vorschriften des Bundes- oder des Landesrechts, in denen die Gefahrenabwehr und die weiteren Aufgaben besonders geregelt sind, gehen diesem Gesetz vor. Soweit die besonderen Rechtsvorschriften keine abschließenden Regelungen enthalten, ist dieses Gesetz ergänzend anzuwenden.

(2) Bei der Gefahrenabwehr sowie bei der Erforschung und Verfolgung von Straftaten und Ordnungswidrigkeiten sind die Vorschriften des Justizvergütungs- und -entschädigungsgesetzes vom 5. Mai 2004 (BGBl. I S. 718, 776) in der jeweils geltenden Fassung entsprechend anzuwenden.

(3) Bei der Erforschung und Verfolgung von Straftaten und Ordnungswidrigkeiten sind die Vorschriften der §§ 55 bis 62 über die Art

und Weise der Anwendung unmittelbaren Zwanges anzuwenden, soweit die Strafprozessordnung keine abschließenden Regelungen enthält.

(4) Soweit dieses Gesetz keine abschließenden Regelungen enthält, ist auf die Verarbeitung personenbezogener Daten durch die Gefahrenabwehr- und die Polizeibehörden zur Erfüllung ihrer Aufgaben nach diesem Gesetz ergänzend das Hessische Datenschutz- und Informationsfreiheitsgesetz in der jeweils geltenden Fassung anzuwenden. Die Vorschriften dieses Gesetzes finden keine Anwendung, soweit das Recht der Europäischen Union, insbesondere die Verordnung (EU) Nr. 2016/679 des Europäischen Parlaments und des Rates vom 27. April 2016 zum Schutz natürlicher Personen bei der Verarbeitung personenbezogener Daten, zum freien Datenverkehr und zur Aufhebung der Richtlinie 95/46/EG (Datenschutz-Grundverordnung) (ABl. EU Nr. L 119 S. 1, Nr. L 314 S. 72) in der jeweils geltenden Fassung, unmittelbar gilt.

§ 4 Grundsatz der Verhältnismäßigkeit

(1) Von mehreren möglichen und geeigneten Maßnahmen haben die Gefahrenabwehr- und die Polizeibehörden diejenigen Maßnahmen zu treffen, die die einzelne Person und die Allgemeinheit voraussichtlich am wenigsten beeinträchtigen.

(2) Eine Maßnahme darf nicht zu einem Nachteil führen, der zu dem erstrebten Erfolg erkennbar außer Verhältnis steht.

(3) Eine Maßnahme ist nur so lange zulässig, bis ihr Zweck erreicht ist oder sich zeigt, dass er nicht erreicht werden kann.

§ 5 Ermessen, Wahl der Mittel

(1) Die Gefahrenabwehr- und die Polizeibehörden treffen ihre Maßnahmen nach pflichtgemäßem Ermessen.

(2) Kommen zur Abwehr einer Gefahr mehrere Mittel in Betracht, so genügt es, wenn eines davon bestimmt wird. Der betroffenen Person ist auf Antrag zu gestatten, ein anderes, ebenso wirksames Mittel anzuwenden, sofern die Allgemeinheit dadurch nicht stärker beeinträchtigt wird.

§ 6 Verantwortlichkeit für das Verhalten von Personen

(1) Verursacht eine Person eine Gefahr, so sind die Maßnahmen gegen diese Person zu richten.

(2) Ist die Person noch nicht vierzehn Jahre alt, so können die Maßnahmen auch gegen die Person gerichtet werden, die zur Aufsicht über sie verpflichtet ist. Ist für die Person eine Betreuerin oder ein Betreuer bestellt, so können die Maßnahmen auch gegen die Betreuerin oder den Betreuer im Rahmen des jeweiligen Aufgabenkreises gerichtet werden.

(3) Verursacht eine Person, die zu einer Verrichtung bestellt ist, die Gefahr in Ausführung der Verrichtung, so können Maßnahmen auch ge-

gen diejenige Person gerichtet werden, die die andere Person zu der Verrichtung bestellt hat.

§ 7 Verantwortlichkeit für den Zustand von Tieren und Sachen

(1) Geht von einem Tier oder einer Sache eine Gefahr aus, so sind die Maßnahmen gegen die Inhaberin oder den Inhaber der tatsächlichen Gewalt zu richten. Die nachfolgenden für Sachen geltenden Vorschriften sind auch auf Tiere anzuwenden.

(2) Maßnahmen können auch gegen die Eigentümerin oder den Eigentümer oder eine andere berechtigte Person gerichtet werden. Dies gilt nicht, wenn die Inhaberin oder der Inhaber der tatsächlichen Gewalt diese ohne den Willen der Eigentümerin oder des Eigentümers oder der berechtigten Person ausübt.

(3) Geht die Gefahr von einer herrenlosen Sache aus, so können die Maßnahmen gegen diejenige Person gerichtet werden, die das Eigentum an der Sache aufgegeben hat.

§ 8 Unmittelbare Ausführung einer Maßnahme

(1) Die Gefahrenabwehr- und die Polizeibehörden können eine Maßnahme selbst oder durch eine beauftragte dritte Person unmittelbar ausführen, wenn der Zweck der Maßnahme durch Inanspruchnahme der nach den §§ 6 oder 7 Verantwortlichen nicht oder nicht rechtzeitig erreicht werden kann. Die von der Maßnahme betroffene Person ist unverzüglich zu unterrichten.

(2) Entstehen den Gefahrenabwehr- oder den Polizeibehörden durch die unmittelbare Ausführung einer Maßnahme Kosten, so sind die nach den §§ 6 oder 7 Verantwortlichen zum Ersatz verpflichtet. Mehrere Verantwortliche haften gesamtschuldnerisch. Soweit Sachen in Verwahrung genommen werden, gelten die §§ 41 bis 43 entsprechend. Die Kosten können im Verwaltungsvollstreckungsverfahren beigetrieben werden.

§ 9 Inanspruchnahme nicht verantwortlicher Personen

(1) Die Gefahrenabwehr- und die Polizeibehörden können Maßnahmen gegen andere Personen als die nach den §§ 6 oder 7 Verantwortlichen richten, wenn

1. eine gegenwärtige erhebliche Gefahr abzuwehren ist,
2. Maßnahmen gegen die nach §§ 6 oder 7 Verantwortlichen nicht oder nicht rechtzeitig möglich sind oder keinen Erfolg versprechen,
3. die Gefahrenabwehr- oder die Polizeibehörden die Gefahr nicht oder nicht rechtzeitig selbst oder durch beauftragte Dritte abwehren und
4. die Personen ohne erhebliche eigene Gefährdung und ohne Verletzung höherwertiger Pflichten in Anspruch genommen werden können.

(2) Die Maßnahmen nach Abs. 1 dürfen nur aufrechterhalten werden, solange die Abwehr der Gefahr nicht auf andere Weise möglich ist.

§ 10 Einschränkung von Grundrechten

Aufgrund dieses Gesetzes können die Grundrechte auf

Leben und körperliche Unversehrtheit (Art. 2 Abs. 2 Satz 1 des Grundgesetzes, Art. 3 der Verfassung des Landes Hessen),

Freiheit der Person (Art. 2 Abs. 2 Satz 2 des Grundgesetzes, Art. 5 der Verfassung des Landes Hessen),

Brief-, Post- und Fernmeldegeheimnis (Art. 10 Abs. 1 des Grundgesetzes, Art. 12 der Verfassung des Landes Hessen),

Freizügigkeit (Art. 11 Abs. 1 des Grundgesetzes, Art. 6 der Verfassung des Landes Hessen),

Unverletzlichkeit der Wohnung (Art. 13 des Grundgesetzes, Art. 8 der Verfassung des Landes Hessen)

eingeschränkt werden.

ZWEITER ABSCHNITT

Befugnisse

§ 11 Allgemeine Befugnisse

Die Gefahrenabwehr- und die Polizeibehörden können die erforderlichen Maßnahmen treffen, um eine im einzelnen Falle bestehende Gefahr für die öffentliche Sicherheit oder Ordnung (Gefahr) abzuwehren, soweit nicht die folgenden Vorschriften die Befugnisse der Gefahrenabwehr- und der Polizeibehörden besonders regeln.

§ 12 Befragung und Auskunftspflicht

(1) Die Gefahrenabwehr- und die Polizeibehörden können eine Person befragen, wenn tatsächliche Anhaltspunkte die Annahme rechtfertigen, dass die Person sachdienliche Angaben zur Aufklärung des Sachverhalts in einer bestimmten gefahrenabwehrbehördlichen oder polizeilichen Angelegenheit machen kann. Im Fall der Abwehr einer Gefahr kann sie zum Zwecke der Befragung angehalten werden.

(2) Eine Auskunftspflicht besteht für die in den §§ 6 und 7 genannten Personen sowie, unter den Voraussetzungen der §§ 9 oder 13 Abs. 2 Nr. 1 bis 3, für die dort jeweils genannten Personen. Unter den in den §§ 52 bis 55 der Strafprozessordnung genannten Voraussetzungen ist eine betroffene Person, die nicht für die Gefahr verantwortlich ist, zur Verweigerung der Auskunft berechtigt. Außer für Rechtsanwälte und in den Fällen des § 53 Abs. 1 Satz 1 Nr. 1, 2, 4 und 5, auch in Verbindung mit

§ 53a, der Strafprozessordnung gilt dies nicht, wenn die Auskunft für die Abwehr einer Gefahr für Leib, Leben oder Freiheit einer Person erforderlich ist. Auskünfte, die gemäß Satz 3 erlangt wurden, dürfen nur zu Zwecken der Gefahrenabwehr nach § 1 Abs. 1 und 4 verwendet werden. Die betroffene Person ist über ihr Recht zur Verweigerung der Auskunft zu belehren.

(3) Werden bei der Befragung personenbezogene Daten erhoben, sind die nachfolgenden Vorschriften über die Verarbeitung personenbezogener Daten anzuwenden.

(4) § 136a der Strafprozessordnung gilt entsprechend.

§ 13 Erhebung personenbezogener Daten

(1) Die Gefahrenabwehr- und die Polizeibehörden können personenbezogene Daten zur Erfüllung ihrer Aufgaben erheben, wenn

1. die Person in Kenntnis des Zwecks der Erhebung in diese nach Abs. 9 eingewilligt hat oder tatsächliche Anhaltspunkte die Annahme rechtfertigen, dass dies im Interesse der Person liegt und sie in Kenntnis des Zwecks einwilligen würde,
2. die Daten allgemein zugänglichen Quellen entnommen werden können oder die betroffene Person die Daten offensichtlich öffentlich gemacht hat,
3. es zur Abwehr einer Gefahr, zur Erfüllung der ihnen durch andere Rechtsvorschriften zugewiesenen weiteren Aufgaben (§ 1 Abs. 2) oder zum Schutz privater Rechte (§ 1 Abs. 3) erforderlich ist, auch über andere als die in den §§ 6 und 7 genannten Personen, oder
4. eine andere Rechtsvorschrift dies erlaubt.

(2) Die Polizeibehörden können personenbezogene Daten ferner zu folgenden Kategorien betroffener Personen erheben:

1. wenn tatsächliche Anhaltspunkte die Annahme rechtfertigen, dass die Person Straftaten mit erheblicher Bedeutung begehen wird,
2. wenn tatsächliche Anhaltspunkte die Annahme rechtfertigen, dass die Person mit einer in Nr. 1 genannten Person nicht nur in einem flüchtigen oder zufälligen Kontakt, sondern in einer Weise in Verbindung steht oder treten wird, die die Erhebung ihrer personenbezogenen Daten zur Verhütung von Straftaten mit erheblicher Bedeutung erfordert, weil Tatsachen die Annahme rechtfertigen, dass
   a) die Person von der Planung oder Vorbereitung dieser Straftaten oder der Verwertung der Tatvorteile Kenntnis hat oder daran mitwirkt oder
   b) eine in Nr. 1 genannte Person sich dieser Person zur Begehung dieser Straftaten bedienen könnte oder wird,

3. wenn tatsächliche Anhaltspunkte die Annahme rechtfertigen, dass die Person als Zeugin oder Zeuge, Hinweisgeberin oder Hinweisgeber oder sonstige Auskunftsperson in Betracht kommt, die die Erhebung ihrer personenbezogenen Daten zur Verhütung von Straftaten mit erheblicher Bedeutung erfordert,
4. wenn tatsächliche Anhaltspunkte die Annahme rechtfertigen, dass die Person Opfer einer Straftat mit erheblicher Bedeutung werden könnte,
5. wenn die Person sich im räumlichen Umfeld einer Person aufhält, die in besonderem Maße als gefährdet erscheint, und tatsächliche Anhaltspunkte die Maßnahme zum Schutz der gefährdeten Person rechtfertigen, oder
6. wenn dies zur Leistung von Vollzugshilfe nach den §§ 44 bis 46 erforderlich ist.

(3) Straftaten mit erheblicher Bedeutung im Sinne dieses Gesetzes sind

1. Verbrechen und
2. Vergehen, die im Einzelfall nach Art und Schwere geeignet sind, den Rechtsfrieden besonders zu stören, soweit sie
   a) sich gegen Leib, Leben oder Freiheit einer Person oder bedeutende Sach- oder Vermögenswerte richten,
   b) auf den Gebieten des unerlaubten Waffen- oder Betäubungsmittelverkehrs, der Geld- und Wertzeichenfälschung oder des Staatsschutzes (§§ 74a und 120 des Gerichtsverfassungsgesetzes) begangen werden oder
   c) gewerbs-, gewohnheits-, serien- oder bandenmäßig oder sonst organisiert begangen werden.

Terroristische Straftaten im Sinne dieses Gesetzes sind Straftaten, die in § 129a Abs. 1 und 2 des Strafgesetzbuchs bezeichnet und dazu bestimmt sind,

1. die Bevölkerung auf erhebliche Weise einzuschüchtern,
2. eine Behörde oder eine internationale Organisation rechtswidrig mit Gewalt oder durch Drohung mit Gewalt zu nötigen oder
3. die politischen, verfassungsrechtlichen, wirtschaftlichen oder sozialen Grundstrukturen eines Staates oder einer internationalen Organisation zu beseitigen oder erheblich zu beeinträchtigen,

und durch die Art ihrer Begehung oder ihre Auswirkungen einen Staat oder eine internationale Organisation erheblich schädigen können.

(4) Die Erhebungsbefugnisse aus den §§ 14 bis 19 bleiben unberührt.

(5) Die Erhebung nicht gefahren- oder tatbezogener persönlicher Merkmale ist nur insoweit zulässig, als dies für Identifizierungszwecke

oder zum Schutz der Person oder der Bediensteten der Gefahrenabwehr- und der Polizeibehörden erforderlich ist. Soweit es sich bei der Erhebung nach Satz 1 um eine Erhebung besonderer Kategorien personenbezogener Daten im Sinne des § 41 Nr. 15 des Hessischen Datenschutz- und Informationsfreiheitsgesetzes handelt, muss dies unbedingt erforderlich sein. Die Verarbeitung dieser personenbezogenen Daten für andere Zwecke ohne Zustimmung der betroffenen Person ist unzulässig.

(6) Im Anwendungsbereich des § 40 des Hessischen Datenschutz- und Informationsfreiheitsgesetzes sind personenbezogene Daten, ausgenommen in den Fällen des Abs. 1 Nr. 1 und 2, grundsätzlich bei der betroffenen Person zu erheben. Ohne ihre Mitwirkung können sie von anderen Behörden oder öffentlichen Stellen oder von Dritten beschafft werden, wenn sonst die Erfüllung gefahrenabwehrbehördlicher oder polizeilicher Aufgaben gefährdet oder erheblich erschwert würde; besondere gesetzliche Übermittlungsregelungen bleiben unberührt.

(7) Personenbezogene Daten sind grundsätzlich offen zu erheben. Eine Datenerhebung, die nicht als gefahrenabwehrbehördliche oder polizeiliche Maßnahme erkennbar sein soll (verdeckte Datenerhebung), ist nur soweit zulässig, als auf andere Weise die Erfüllung gefahrenabwehrbehördlicher oder polizeilicher Aufgaben erheblich gefährdet würde oder wenn anzunehmen ist, dass dies dem überwiegenden Interesse der betroffenen Person entspricht.

(8) Werden die personenbezogenen Daten bei der betroffenen Person oder Dritten erhoben, sind diese auf die Freiwilligkeit der Auskunft oder auf eine bestehende Auskunftspflicht hinzuweisen. Der Hinweis kann im Einzelfall unterbleiben, wenn er die Erfüllung der gefahrenabwehrbehördlichen oder polizeilichen Aufgaben gefährden oder erheblich erschweren würde.

(9) Die Erhebung personenbezogener Daten nach Abs. 1 Nr. 1 ist unter Beachtung des § 46 des Hessischen Datenschutz- und Informationsfreiheitsgesetzes unbeschadet spezieller Rechtsvorschriften nur dann zulässig, wenn die betroffene Person eine echte Wahlfreiheit hat und nicht aufgefordert oder angewiesen wird, einer rechtlichen Verpflichtung nachzukommen; die betroffene Person ist auf die Freiwilligkeit hinzuweisen. Werden personenbezogene Daten nach Abs. 1 Nr. 1 für die Zwecke außerhalb des § 40 des Hessischen Datenschutz- und Informationsfreiheitsgesetzes nach den Voraussetzungen des Satz 1 erhoben, findet die Verordnung (EU) Nr. 2016/679, insbesondere Art. 6 Abs. 1 Buchst. a, Art. 7, Art. 9 Abs. 2 Buchst. a der Verordnung (EU) Nr. 2016/679, Anwendung.

§ 13a Zuverlässigkeitsüberprüfung zum Schutz staatlicher Einrichtungen und Veranstaltungen

(1) Soweit das Hessische Sicherheitsüberprüfungsgesetz oder ein anderes Gesetz keine Sicherheitsüberprüfung vorsieht, können die Polizeibehörden Personen einer Zuverlässigkeitsüberprüfung unterziehen, die

1. eine Tätigkeit als Bedienstete anstreben
   a) in einer Behörde mit Vollzugsaufgaben,
   b) in einer anderen öffentlichen Stelle, bei der sie regelmäßig Zugriff auf Personalaktendaten von Bediensteten haben, die bei einer Behörde mit Vollzugsaufgaben verwendet werden, oder
   c) in besonders gefährdeten Liegenschaften öffentlicher Stellen,
2. selbstständige Dienstleistungen zur Unterstützung von Vollzugsaufgaben erbringen wollen,
3. unbegleiteten Zutritt zu Liegenschaften von Behörden mit Vollzugsaufgaben oder Liegenschaften öffentlicher Stellen, die besonders gefährdet sind, erhalten sollen, ohne den in Nr. 1 und 2 genannten Personengruppen anzugehören,
4. Zugang zu Vergabe- und Vertragsunterlagen haben, aus denen sich sicherheitsrelevante Funktionszusammenhänge, insbesondere aus baulichen und betrieblichen Anforderungen für Liegenschaften der Polizei oder der Justiz ergeben,
5. die Zulassung zum Besuch von Gefangenen oder Untergebrachten in einer Justizvollzugseinrichtung begehren oder
6. beratend oder unterstützend für eine Behörde oder öffentliche Stelle tätig sein sollen und dies im begründeten Einzelfall erforderlich ist; mit Ausnahme von anlass- und einzelfallbezogenen Zuverlässigkeitsüberprüfungen gilt dies im Bereich der Extremismusprävention einmalig für den Beginn der staatlich geförderten Tätigkeit sowie nicht für Einrichtungen der Weiterbildung nach § 1 Abs. 1 oder 2 des Hessischen Weiterbildungsgesetzes vom 25. August 2001 (GVBl. I S. 370) in der jeweils geltenden Fassung, einen anerkannten Träger der freien Jugendhilfe nach § 75 des Achten Buches Sozialgesetzbuch oder Träger der außerschulischen Jugendbildung nach § 36 des Hessischen Kinder- und Jugendhilfegesetzbuchs vom 18. Dezember 2006 (GVBl. I S. 698) in der jeweils geltenden Fassung.

Eine Zuverlässigkeitsüberprüfung kann ferner durchgeführt werden bei Personen, für die ein privilegierter Zutritt zu einer Veranstaltung einer Behörde oder öffentlichen Stelle beantragt wird.

(2) Die Polizeibehörde kann die Identität der Person feststellen, deren Zuverlässigkeit überprüft werden soll, und zu diesem Zweck von ihr vorgelegte Ausweisdokumente kopieren oder Kopien von Ausweisdokumenten anfordern. Die Überprüfung erfolgt mit Einwilligung der betroffenen

Person anhand von Datenbeständen der Polizeien des Bundes und der Länder, im Fall von Erkenntnissen über Strafverfahren auch der Justizbehörden und Gerichte sowie, soweit im Einzelfall erforderlich, des Landesamts für Verfassungsschutz. Für die Einwilligung gilt § 46 des Hessischen Datenschutz- und Informationsfreiheitsgesetzes mit der Maßgabe, dass die Erklärung stets der Schriftform bedarf. Der betroffenen Person ist zudem mitzuteilen, wo sie weitere Auskünfte zu dem Verfahren erhalten kann und dass sie sich gleichfalls an den Hessischen Datenschutzbeauftragten wenden kann. Ihr ist Gelegenheit zur Stellungnahme zu geben.

(3) Entscheidet die für die Überprüfung zuständige Polizeibehörde nicht zugleich auch über die Zuverlässigkeit, unterrichtet sie die ersuchende Stelle darüber, ob sicherheitsrelevante Erkenntnisse vorliegen, gegebenenfalls durch Angabe von

1. Deliktsbezeichnung,
2. Tatort,
3. Tatzeit,
4. Ausgang des Verfahrens, soweit feststellbar, sowie
5. Name und Aktenzeichen der sachbearbeitenden Justiz- oder Polizeibehörde.

Bei anderen als Gefahrenabwehr- und Polizeibehörden sowie Justizbehörden beschränkt sich die Rückmeldung auf die Auskunft, ob Sicherheitsbedenken vorliegen. Die Rückmeldung des Landesamts für Verfassungsschutz erfolgt an die ersuchende Stelle. Der Datenaustausch kann in einem gemeinsamen Verfahren nach Maßgabe des § 58 des Hessischen Datenschutz- und Informationsfreiheitsgesetzes stattfinden.

(4) In den Fällen des Abs. 1 Satz 1 Nr. 2 bis 6 sowie Satz 2 sind mit Einwilligung der betroffenen Person Wiederholungsüberprüfungen zulässig, wenn seit der letzten Überprüfung mindestens ein Jahr vergangen ist und kein Grund zu der Annahme besteht, dass die Voraussetzungen des Abs. 1 nicht mehr vorliegen. Wiederholungsüberprüfungen können in den Fällen des Abs. 1 Satz 2 auch in Bezug auf gleichartige Veranstaltungen durchgeführt werden. Werden Wiederholungsüberprüfungen auf Ersuchen durchgeführt, unterrichtet die ersuchende Behörde die Polizeibehörde über den Wegfall der Voraussetzungen des Abs. 1.

(5) Nach Abschluss der Überprüfung speichert die Polizeibehörde die Verfahrensunterlagen zu Dokumentationszwecken bis zum Ende des Jahres, das dem Jahr des Abschlusses folgt. Finden Wiederholungsüberprüfungen statt oder wird die betroffene Person aus einem anderen Anlass erneut einer Zuverlässigkeitsüberprüfung unterzogen, dürfen die Unterlagen auch für diesen Zweck verarbeitet werden; sie sind bis zum Ende des Jahres zu speichern, das der Abmeldung oder der Feststellung der fehlenden Zuverlässigkeit folgt.

(6) Die Befugnisse nach § 13 Abs. 1 Nr. 2 bis 4, Abs. 2 sowie den §§ 14 bis 26 bleiben unberührt.

§ 13b Zuverlässigkeitsüberprüfung zum Schutz von Veranstaltungen außerhalb des öffentlichen Bereichs

(1) Eine Zuverlässigkeitsüberprüfung kann durchgeführt werden bei Personen, für die ein privilegierter Zutritt zu einer besonders gefährdeten Veranstaltung in nicht öffentlicher Trägerschaft beantragt wird. Bei sonstigen Veranstaltungen in nicht öffentlicher Trägerschaft kann eine Zuverlässigkeitsüberprüfung bei Personen im Sinne des Satz 1 durchgeführt werden, wenn dies zum Schutz der Veranstaltung erforderlich ist. Die Polizeibehörde hört die Hessische Datenschutzbeauftragte oder den Hessischen Datenschutzbeauftragten an, wenn eine Zuverlässigkeitsüberprüfung nach Satz 1 oder 2 beabsichtigt ist.

(2) § 13a Abs. 2, 4 bis 6 dieses Gesetzes sowie § 58 des Hessischen Datenschutz- und Informationsfreiheitsgesetzes gelten entsprechend. Die Rückmeldung an einen Empfänger außerhalb des öffentlichen Bereichs beschränkt sich auf die Auskunft zum Vorliegen von Sicherheitsbedenken. Sie darf von diesem nur für die Entscheidung verarbeitet werden, ob der überprüften Person der privilegierte Zutritt gewährt werden soll. Der Empfänger teilt der Polizeibehörde mit, wenn er der Empfehlung nicht folgt. Er hat alle von ihm für die Zuverlässigkeitsüberprüfung erhobenen Daten spätestens bei Beendigung der Veranstaltung zu löschen.

§ 14 Datenerhebung und sonstige Datenverarbeitung an öffentlichen Orten und besonders gefährdeten öffentlichen Einrichtungen

(1) Die Polizeibehörden können personenbezogene Daten auch über andere als die in den §§ 6 und 7 genannten Personen bei oder im Zusammenhang mit öffentlichen Veranstaltungen oder Ansammlungen erheben, wenn tatsächliche Anhaltspunkte die Annahme rechtfertigen, dass bei oder im Zusammenhang mit der Veranstaltung oder Ansammlung Straftaten oder nicht geringfügige Ordnungswidrigkeiten drohen. Die Unterlagen sind spätestens zwei Monate nach Beendigung der Veranstaltung oder Ansammlung zu vernichten, soweit sie nicht zur Abwehr einer Gefahr, zur Verfolgung einer Straftat oder Ordnungswidrigkeit oder zur Strafvollstreckung benötigt werden. Eine Verarbeitung für andere Zwecke ist unzulässig. § 20 Abs. 8 bleibt unberührt.

(2) Die Polizeibehörden können personenbezogene Daten auch über andere als die in den §§ 6 und 7 genannten Personen bei oder im Zusammenhang mit öffentlichen Versammlungen oder Aufzügen erheben, wenn tatsächliche Anhaltspunkte die Annahme rechtfertigen, dass bei oder im Zusammenhang mit der Versammlung oder dem Aufzug Straftaten drohen. Die Unterlagen sind unverzüglich nach Beendigung der Versamm-

lung oder des Aufzuges oder zeitlich und sachlich damit unmittelbar im Zusammenhang stehender Geschehnisse zu vernichten, soweit sie nicht zur Abwehr einer Gefahr, zur Verfolgung einer Straftat oder Ordnungswidrigkeit oder zur Strafvollstreckung benötigt werden. Eine Verarbeitung für andere Zwecke ist unzulässig. § 20 Abs. 8 bleibt unberührt.

(3) Die Gefahrenabwehr- und die Polizeibehörden können zur Abwehr einer Gefahr oder wenn tatsächliche Anhaltspunkte die Annahme rechtfertigen, dass Straftaten drohen, öffentlich zugängliche Orte mittels Bildübertragung offen beobachten und aufzeichnen. Der Umstand der Überwachung sowie der Name und die Kontaktdaten der oder des Verantwortlichen sind durch geeignete Maßnahmen zum frühestmöglichen Zeitpunkt erkennbar zu machen. Fest installierte Anlagen sind alle zwei Jahre daraufhin zu überprüfen, ob die Voraussetzungen für ihren Betrieb weiterhin vorliegen. Abs. 1 Satz 2 und 3 gilt entsprechend.

(4) Die Gefahrenabwehr- und die Polizeibehörden können mittels Bildübertragung offen beobachten und aufzeichnen

1. zum Schutz besonders gefährdeter öffentlicher Einrichtungen oder Räumlichkeiten,
2. zur Steuerung von Anlagen zur Lenkung oder Regelung des Straßenverkehrs, soweit Bestimmungen des Straßenverkehrsrechts nicht entgegenstehen.

Soweit der Inhaber des Hausrechts nicht Gefahrenabwehr- oder Polizeibehörde ist, gilt er im Fall des Satz 1 Nr. 1 als Gefahrenabwehrbehörde. Abs. 1 Satz 2 und 3 und Abs. 3 Satz 2 und 3 gelten entsprechend.

(5) *Die Polizeibehörden können auf öffentlichen Straßen und Plätzen Daten von Kraftfahrzeugkennzeichen zum Zwecke des Abgleichs mit dem Fahndungsbestand automatisiert erheben. Daten, die im Fahndungsbestand nicht enthalten sind, sind unverzüglich zu löschen.*[*]

(6) Die Polizeibehörden können an öffentlich zugänglichen Orten eine Person, deren Identität nach diesem Gesetz oder anderen Rechtsvorschriften festgestellt werden soll, mittels Bild- und Tonübertragung

1. kurzfristig offen technisch erfassen, wenn dies nach den Umständen zum Schutz von Polizeivollzugsbeamtinnen und Polizeivollzugsbeamten oder Dritten gegen eine Gefahr für Leib, Leben oder Freiheit erforderlich erscheint,
2. offen beobachten und dies aufzeichnen, wenn dies nach den Umständen zum Schutz von Polizeivollzugsbeamtinnen und Polizeivollzugsbeamten oder Dritten gegen eine Gefahr für Leib, Leben oder Freiheit erforderlich ist.

---

* Entscheidung des BVerfG vom 11. März 2008 – 1 BvR 2074/05, 1 BvR 1254/07 (BGBl. I S. 541): § 14 Abs. 5 des Hessischen Gesetzes über die öffentliche Sicherheit und Ordnung ist mit Artikel 2 Absatz 1 in Verbindung mit Artikel 1 Absatz 1 des Grundgesetzes unvereinbar und nichtig.

Soweit es für die Durchführung von Maßnahmen nach Satz 1 unerlässlich ist, können personenbezogene Daten auch über dritte Personen erhoben werden. Sind die Daten für Zwecke der Eigensicherung oder der Strafverfolgung nicht mehr erforderlich, sind sie unverzüglich zu löschen.

§ 14a Automatische Kennzeichenlesesysteme

(1) Die Polizeibehörden können unter den Voraussetzungen des § 18 Abs. 1, Abs. 2 Nr. 1, 3 bis 6 zur Abwehr einer Gefahr oder zur vorbeugenden Bekämpfung von Straftaten durch den Einsatz technischer Mittel automatisch Bilder von Fahrzeugen aufzeichnen und deren Kennzeichen erfassen.* Die Bildaufzeichnung nach Satz 1 kann auch erfolgen, wenn die Insassen der Fahrzeuge unvermeidbar betroffen werden. Datenerhebungen nach Satz 1 und 2 dürfen

1. nicht flächendeckend,
2. in den Fällen des § 18 Abs. 1, Abs. 2 Nr. 1, 3 und 4 nicht dauerhaft und
3. in den Fällen des § 18 Abs. 2 Nr. 5 und 6 nicht längerfristig

---

* Entscheidung des BVerfG vom 18. Dezember 2018 – 1 BvR 2795/09, 1 BvR 3187/10 (BGBl. 2019 I S. 195):

1. […]
2. a) § 18 Absatz 2 Nummer 5 des Hessischen Gesetzes über die öffentliche Sicherheit und Ordnung in der Fassung des Gesetzes zur Änderung des Hessischen Gesetzes über die öffentliche Sicherheit und Ordnung und anderer Gesetze vom 14. Dezember 2009 (Gesetz- und Verordnungsblatt für das Land Hessen, Teil I, Seite 635), soweit er polizeiliche Kontrollstellen zur Verhütung von versammlungsrechtlichen Straftaten vorsieht, und § 14a Absatz 1 Satz 1 des Hessischen Gesetzes über die öffentliche Sicherheit und Ordnung, soweit er auf diesen verweist, sind mit Artikel 8 Absatz 1 in Verbindung mit Artikel 19 Absatz 1 Satz 2 des Grundgesetzes unvereinbar.

   b) […] § 14a Absatz 1 Satz 1 des Hessischen Gesetzes über die öffentliche Sicherheit und Ordnung, soweit mit ihm auf § 18 Absatz 1 des Hessischen Gesetzes über die öffentliche Sicherheit und Ordnung verwiesen wird, [ist] mit Artikel 2 Absatz 1 in Verbindung mit Artikel 1 Absatz 1 des Grundgesetzes unvereinbar, soweit [er] die Kennzeichenkontrollen nicht auf den Schutz von Rechtsgütern von zumindest erheblichem Gewicht [beschränkt].

   c) […] § 14a Absatz 1 Satz 1 des Hessischen Gesetzes über die öffentliche Sicherheit und Ordnung, soweit mit ihm auf § 18 Absatz 2 Nummer 6 des Hessischen Gesetzes über die öffentliche Sicherheit und Ordnung verwiesen wird, [ist] mit Artikel 2 Absatz 1 in Verbindung mit Artikel 1 Absatz 1 des Grundgesetzes unvereinbar, soweit die Orte für die Durchführung der Kontrollen in Hinblick auf deren Grenzbezug nicht hinreichend bestimmt beschränkt werden.

   d) […] § 14a Absatz 4 Satz 4 des Hessischen Gesetzes über die öffentliche Sicherheit und Ordnung [ist] mit Artikel 2 Absatz 1 in Verbindung mit Artikel 1 Absatz 1 des Grundgesetzes unvereinbar, soweit [er] die Verarbeitung der Kennzeichen zu weiteren Zwecken nicht auf den Schutz von Rechtsgütern von zumindest erheblichem Gewicht oder einem vergleichbar gewichtigen öffentlichen Interesse [beschränkt].
3. Die unter 2. angeführten Vorschriften bleiben bis zu einer Neuregelung durch den Gesetzgeber, längstens bis zum 31. Dezember 2019, nach Maßgabe der Gründe weiter anwendbar.

durchgeführt werden. Der Einsatz technischer Mittel nach Satz 1 ist in geeigneter Weise für Kontrollzwecke zu dokumentieren.

(2) Die ermittelten Kennzeichen können automatisch mit dem Fahndungsbestand der Sachfahndungsdateien des beim Bundeskriminalamt nach den Vorschriften des Bundeskriminalamtgesetzes vom 1. Juni 2017 (BGBl. I S. 1354), und des beim Hessischen Landeskriminalamt nach den Vorschriften dieses Gesetzes geführten polizeilichen Informationssystems abgeglichen werden. Die Sachfahndungsdateien des polizeilichen Informationssystems umfassen auch die nach den Vorschriften des Schengener Durchführungsübereinkommens zulässigen Ausschreibungen von Fahrzeugkennzeichen im Schengener Informationssystem. Der Abgleich nach Satz 1 beschränkt sich auf Kennzeichen von Fahrzeugen, die

1. nach den §§ 163e und 463a der Strafprozessordnung, Art. 99 des Schengener Durchführungsübereinkommens, § 17 Abs. 3 des Bundesverfassungsschutzgesetzes, § 20i des Bundeskriminalamtgesetzes, § 17 oder einer vergleichbaren Rechtsvorschrift eines anderen Bundeslandes,
2. aufgrund einer Gefahr zur Abwehr einer Gefahr,
3. aufgrund des Verdachts einer Straftat für Zwecke der Strafverfolgung oder
4. aus Gründen der Strafvollstreckung

ausgeschrieben sind. Der Abgleich hat sofort nach der Erhebung der Daten nach Abs. 1 Satz 1 stattzufinden und darf nur mit vollständigen Kennzeichen des Fahndungsbestands erfolgen. Bewegungsbilder dürfen nicht erstellt werden; Satz 3 Nr. 1 bleibt unberührt.

(3) Die nach Abs. 1 Satz 1 erhobenen Daten sind, sofern die erfassten Kennzeichen nicht im Fahndungsbestand enthalten sind, sofort automatisiert zu löschen. Die Datenerhebung und der Datenabgleich im Falle des Satzes 1 dürfen nicht protokolliert werden.

(4) Ist das ermittelte Kennzeichen im Fahndungsbestand enthalten (Trefferfall), können das Kennzeichen, die Bildaufzeichnung des Fahrzeugs sowie Angaben zu Ort, Fahrtrichtung, Datum und Uhrzeit gespeichert werden. Das Fahrzeug und die Insassen können im Trefferfall angehalten werden. Weitere Maßnahmen dürfen erst nach Überprüfung des Trefferfalls anhand des aktuellen Fahndungsbestands erfolgen. Die nach Satz 1 gespeicherten sowie durch weitere Maßnahmen erlangten perso-

nenbezogenen Daten können weiterverarbeitet werden, soweit dies für Zwecke der Gefahrenabwehr erforderlich ist.*

§ 15 Datenerhebung durch Observation und Einsatz technischer Mittel

(1) Im Sinne dieser Bestimmung ist

1. längerfristige Observation die planmäßig angelegte Beobachtung einer Person, die durchgehend länger als 24 Stunden dauern oder an mehr als zwei Tagen stattfinden soll,
2. Einsatz technischer Mittel ihre für die betroffene Person nicht erkennbare Anwendung, insbesondere zur Anfertigung von Bildaufnahmen oder -aufzeichnungen sowie zum Abhören oder Aufzeichnen des gesprochenen Wortes.

(2) Die Polizeibehörden können durch Maßnahmen nach Abs. 1 personenbezogene Daten erheben

1. auch über andere als die in den §§ 6 und 7 genannten Personen, wenn dies zur Abwehr einer Gefahr für Leib, Leben oder Freiheit einer Person oder für solche Güter der Allgemeinheit, deren Bedrohung die Grundlagen oder den Bestand des Bundes oder eines Landes oder die Grundlagen der Existenz der Menschen berührt, erforderlich ist,

---

* Entscheidung des BVerfG vom 18. Dezember 2018 – 1 BvR 2795/09, 1 BvR 3187/10 (BGBl. 2019 I S. 195):

1. [...]
2. a) § 18 Absatz 2 Nummer 5 des Hessischen Gesetzes über die öffentliche Sicherheit und Ordnung in der Fassung des Gesetzes zur Änderung des Hessischen Gesetzes über die öffentliche Sicherheit und Ordnung und anderer Gesetze vom 14. Dezember 2009 (Gesetz- und Verordnungsblatt für das Land Hessen, Teil I, Seite 635), soweit er polizeiliche Kontrollstellen zur Verhütung von versammlungsrechtlichen Straftaten vorsieht, und § 14a Absatz 1 Satz 1 des Hessischen Gesetzes über die öffentliche Sicherheit und Ordnung, soweit er auf diesen verweist, sind mit Artikel 8 Absatz 1 in Verbindung mit Artikel 19 Absatz 1 Satz 2 des Grundgesetzes unvereinbar.

   b) [...] § 14a Absatz 1 Satz 1 des Hessischen Gesetzes über die öffentliche Sicherheit und Ordnung, soweit mit ihm auf § 18 Absatz 1 des Hessischen Gesetzes über die öffentliche Sicherheit und Ordnung verwiesen wird, [ist] mit Artikel 2 Absatz 1 in Verbindung mit Artikel 1 Absatz 1 des Grundgesetzes unvereinbar, soweit [er] die Kennzeichenkontrollen nicht auf den Schutz von Rechtsgütern von zumindest erheblichem Gewicht [beschränkt].

   c) [...] § 14a Absatz 1 Satz 1 des Hessischen Gesetzes über die öffentliche Sicherheit und Ordnung, soweit mit ihm auf § 18 Absatz 2 Nummer 6 des Hessischen Gesetzes über die öffentliche Sicherheit und Ordnung verwiesen wird, [ist] mit Artikel 2 Absatz 1 in Verbindung mit Artikel 1 Absatz 1 des Grundgesetzes unvereinbar, soweit die Orte für die Durchführung der Kontrollen in Hinblick auf deren Grenzbezug nicht hinreichend bestimmt beschränkt werden.

   d) [...] § 14a Absatz 4 Satz 4 des Hessischen Gesetzes über die öffentliche Sicherheit und Ordnung [ist] mit Artikel 2 Absatz 1 in Verbindung mit Artikel 1 Absatz 1 des Grundgesetzes unvereinbar, soweit [er] die Verarbeitung der Kennzeichen zu weiteren Zwecken nicht auf den Schutz von Rechtsgütern von zumindest erheblichem Gewicht oder einem vergleichbar gewichtigen öffentlichen Interesse [beschränkt].
3. Die unter 2. angeführten Vorschriften bleiben bis zu einer Neuregelung durch den Gesetzgeber, längstens bis zum 31. Dezember 2019, nach Maßgabe der Gründe weiter anwendbar.

2. über Personen, wenn bestimmte Tatsachen die Annahme rechtfertigen, dass sie innerhalb eines übersehbaren Zeitraumes auf eine zumindest ihrer Art nach konkretisierte Weise eine Straftat mit erheblicher Bedeutung begehen werden, und dies zur Verhütung dieser Straftat erforderlich ist,
3. über Personen, deren individuelles Verhalten die konkrete Wahrscheinlichkeit begründet, dass sie innerhalb eines übersehbaren Zeitraumes eine terroristische Straftat begehen werden, und dies zur Verhütung dieser Straftat erforderlich ist,
4. über Personen, wenn Tatsachen die Annahme rechtfertigen, dass
   a) sie mit Personen nach Nr. 2 nicht nur flüchtig oder in zufälligem Kontakt in Verbindung stehen,
   b) sie von der Planung oder der Vorbereitung von Straftaten der in Nr. 2 genannten Art oder der Verwertung der Tatvorteile Kenntnis haben oder daran mitwirken oder die Personen nach Nr. 2 sich ihrer zur Begehung dieser Straftaten bedienen könnten oder werden und
   c) die Datenerhebung zur Verhütung dieser Straftaten erforderlich ist,
5. über die in § 13 Abs. 2 Nr. 5 genannten Personen, wenn Tatsachen die Maßnahme zum Schutz der gefährdeten Person rechtfertigen.

Die Datenerhebung durch Maßnahmen nach Abs. 1 ist nur zulässig, soweit eine Auskunftspflicht nach § 12 Abs. 2 besteht, wenn andere Maßnahmen, mit Ausnahme der in den §§ 15a bis 17 genannten, erheblich weniger Erfolg versprechen würden oder die polizeiliche Aufgabenerfüllung mit Hilfe anderer Maßnahmen wesentlich erschwert würde. Im Rahmen der Aufgabenerfüllung können personenbezogene Daten auch über dritte Personen erhoben werden, soweit dies unerlässlich ist, um die Datenerhebung nach Satz 1 durchführen zu können. Abs. 4 Satz 4 bis 8 gilt entsprechend.

(3) Außer bei Gefahr im Verzug erfolgt die Anordnung von Maßnahmen nach Abs. 1 Nr. 2 durch die Behördenleitung oder eine von dieser beauftragte Bedienstete oder einen von dieser beauftragten Bediensteten, soweit nicht nach Abs. 5 eine richterliche Anordnung erforderlich ist.

(4) In oder aus Wohnungen können die Polizeibehörden ohne Kenntnis der betroffenen Person durch den Einsatz technischer Mittel Daten nur erheben, wenn dies zur Abwehr einer dringenden Gefahr für Leib, Leben oder Freiheit einer Person oder für solche Güter der Allgemeinheit, deren Bedrohung die Grundlagen oder den Bestand des Bundes oder eines Landes oder die Grundlagen der Existenz der Menschen berührt, unerlässlich ist. Die Maßnahme nach Satz 1 darf

1. sich nur gegen eine Person richten, die nach den §§ 6 oder 7 verantwortlich ist oder bei der konkrete Vorbereitungshandlungen für sich oder zusammen mit weiteren bestimmten Tatsachen die begründete Annahme rechtfertigen, dass sie terroristische Straftaten begehen wird, und
2. nur in
   a) der Wohnung der in Nr. 1 genannten Person oder
   b) Wohnungen anderer Personen, wenn aufgrund bestimmter Tatsachen anzunehmen ist, dass sich eine in Nr. 1 genannte Person dort aufhält und die Maßnahme allein in deren Wohnung nicht zur Abwehr der Gefahr nach Satz 1 führen wird,

   durchgeführt werden.

Die Maßnahme darf auch durchgeführt werden, wenn andere Personen unvermeidbar betroffen werden. Sie ist nicht zulässig, soweit keine Auskunftspflicht der betroffenen Person nach § 12 Abs. 2 besteht. Das Verbot nach Satz 4 gilt auch, wenn durch eine gegen einen Dritten gerichtete Maßnahme Erkenntnisse erlangt würden, die nicht der Auskunftspflicht nach § 12 Abs. 2 unterliegen. Liegen tatsächliche Anhaltspunkte für die Annahme vor, dass durch die Maßnahme allein Erkenntnisse aus dem Kernbereich privater Lebensgestaltung erlangt würden, ist die Maßnahme unzulässig. Soweit sich während der Maßnahme tatsächliche Anhaltspunkte dafür ergeben, dass der Kernbereich privater Lebensgestaltung betroffen ist und eine unmittelbare Kenntnisnahme erfolgt, ist die Maßnahme unverzüglich zu unterbrechen; die Maßnahme darf nur fortgesetzt werden, wenn sie nicht unzulässig ist. Bestehen insoweit Zweifel, darf die Datenerhebung ausschließlich durch eine automatische Aufzeichnung erfolgen und fortgesetzt werden.

(5) Außer bei Gefahr in Verzug dürfen

1. längerfristige Observationen,
2. die Anfertigung von Bildaufnahmen oder -aufzeichnungen bestimmter Personen oder der Einsatz technischer Mittel zu Observationszwecken durchgehend länger als 24 Stunden oder an mehr als zwei Tagen,
3. das Abhören oder Aufzeichnen des nicht öffentlich gesprochenen Wortes durch den Einsatz technischer Mittel und
4. Maßnahmen nach Abs. 4

nur nach richterlicher Anordnung durchgeführt werden. Für das Verfahren gilt § 39 Abs. 1 Satz 2 und 3 mit der Maßgabe, dass, soweit es sich nicht um Maßnahmen nach Abs. 4 handelt, das Amtsgericht zuständig ist, in dessen Bezirk die Polizeibehörde ihren Sitz hat. Die Anordnung ergeht schriftlich. Sie muss die Personen, gegen die sich die Maßnahmen richten sollen, so genau bezeichnen, wie dies nach den zur Zeit der Anordnung vorhandenen Erkenntnissen möglich ist, und bei Maßnahmen nach Abs. 4 die zu überwachende Wohnung oder die zu überwachenden Wohnräume angeben. Art, Umfang und Dauer der Maßnahmen sind festzulegen sowie die wesentlichen Gründe darzulegen. Die Anordnung ist auf höchstens drei Monate zu befristen und, soweit möglich, räumlich zu begrenzen; liegen die Voraussetzungen der Anordnung nicht mehr vor, sind die aufgrund der Anordnung getroffenen Maßnahmen unverzüglich zu beenden. Eine dreimalige Verlängerung um jeweils höchstens drei weitere Monate ist zulässig, soweit die Voraussetzungen fortbestehen. Hat die Polizeibehörde bei Gefahr im Verzug die Anordnung getroffen, so beantragt sie unverzüglich die richterliche Bestätigung der Anordnung. Die Anordnung tritt außer Kraft, soweit sie nicht binnen drei Tagen richterlich bestätigt wird. Maßnahmen nach Abs. 4 dürfen nur angeordnet und durchgeführt werden, soweit aufgrund tatsächlicher Anhaltspunkte anzunehmen ist, dass die Maßnahme nicht in den Kernbereich privater Lebensgestaltung eindringen wird.

(6) Abs. 2 bis 5 gelten nicht für das Abhören und Aufzeichnen, wenn dies zur Abwehr einer Gefahr für Leib, Leben oder Freiheit einer bei einem polizeilichen Einsatz tätigen Person geschieht. Das Abhören und Aufzeichnen in oder aus Wohnungen ordnet die Polizeibehörde an. Ergeben sich während der Maßnahme Anhaltspunkte dafür, dass der Kernbereich privater Lebensgestaltung betroffen ist, sind das Abhören und Aufzeichnen zu unterbrechen, sobald dies ohne Gefährdung der bei dem polizeilichen Einsatz tätigen Personen möglich ist. Erlangte Erkenntnisse aufgrund von Anordnungen nach Satz 2 dürfen anderweitig nur zum Zwecke der Gefahrenabwehr verwertet werden, wenn zuvor die Rechtmäßigkeit der Maßnahme richterlich festgestellt worden ist; bei Gefahr im Verzug ist die richterliche Entscheidung unverzüglich nachzuholen. Zuständig ist für richterliche Entscheidungen nach Satz 3 das Amtsgericht, in dessen Bezirk die Polizeibehörde ihren Sitz hat; für das Verfahren gilt § 39 Abs. 1 Satz 3. Die Zulässigkeit der Verwertung der erlangten Erkenntnisse aufgrund von Anordnungen nach Satz 2 zum Zwecke der Strafverfolgung richtet sich nach der Strafprozessordnung.

(7) Zur Vorbereitung des Einsatzes technischer Mittel kann die Polizeibehörde die Wohnung der betroffenen Person betreten, wenn dies zur polizeilichen Aufgabenerfüllung unerlässlich ist. Außer bei Gefahr im Verzug ist dies nur nach richterlicher Anordnung zulässig. Abs. 5 Satz 8 und 9 gelten entsprechend.

(8) Die Befugnis der Gefahrenabwehr- und der Polizeibehörden, bestimmte Mittel zur Überwachung der Einhaltung der Straßenverkehrsvorschriften zu verwenden, bleibt unberührt.

(9) Automatische Aufzeichnungen nach Abs. 4 Satz 8, auch in Verbindung mit Abs. 2 Satz 4, sind unverzüglich dem anordnenden Gericht zur Entscheidung über die Verwertbarkeit oder Löschung der Daten vorzulegen. Das Gericht entscheidet, welche Teile verwertet werden können,

und ordnet im Übrigen die unverzügliche Löschung an. Es unterrichtet die Polizeibehörde unverzüglich über den Inhalt der verwertbaren Teile der Aufzeichnung. Bei Gefahr im Verzug kann die Behördenleitung oder eine von dieser beauftragte Bedienstete oder ein von dieser beauftragter Bediensteter im Benehmen mit der oder dem Datenschutzbeauftragten der zuständigen Polizeibehörde über die Verwertung der Erkenntnisse entscheiden. Bei der Sichtung der erhobenen Daten kann sie oder er sich der technischen Unterstützung von zwei weiteren Bediensteten bedienen, von denen eine oder einer die Befähigung zum Richteramt haben muss. Die Bediensteten sind zur Verschwiegenheit über die ihnen bekannt werdenden Erkenntnisse, die nicht verwertet werden dürfen, verpflichtet. Die gerichtliche Entscheidung ist unverzüglich nachzuholen. Satz 1 bis 7 gelten entsprechend für Erkenntnisse, die durch Maßnahmen nach Abs. 4 erlangt worden sind.

§ 15a Datenerhebung durch Telekommunikationsüberwachung

(1) Die Polizeibehörden können von einem Dienstanbieter, der geschäftsmäßig Telekommunikationsdienste erbringt oder daran mitwirkt, verlangen, dass er die Kenntnisnahme durch Überwachung und Aufzeichnung des Inhalts der Telekommunikation ermöglicht und die näheren Umstände der Telekommunikation einschließlich des Standorts aktiv geschalteter nicht ortsfester Telekommunikationsanlagen übermittelt, wenn dies zur Abwehr einer dringenden Gefahr für Leib, Leben oder Freiheit einer Person oder für solche Güter der Allgemeinheit, deren Bedrohung die Grundlagen oder den Bestand des Bundes oder eines Landes oder die Grundlagen der Existenz der Menschen berührt, unerlässlich ist. Die Maßnahme darf sich gegen eine Person richten,

1. die nach den §§ 6 oder 7 verantwortlich ist,
2. bei der die Voraussetzungen des § 9 vorliegen,
3. bei der bestimmte Tatsachen die Annahme rechtfertigen, dass
   a) sie für eine Person nach Nr. 1 bestimmte oder von dieser herrührende Mitteilungen entgegennimmt oder weitergibt oder
   b) eine Person nach Nr. 1 deren Telekommunikationsanschluss oder Endgerät benutzen wird, soweit die Maßnahme zur Verhütung terroristischer Straftaten unerlässlich ist, oder
4. die in § 15 Abs. 2 Satz 1 Nr. 2 oder 3 genannt ist, soweit die Maßnahme zur Verhütung terroristischer Straftaten unerlässlich ist.

Die Maßnahme darf auch durchgeführt werden, wenn andere Personen unvermeidbar betroffen werden. § 15 Abs. 4 Satz 4 bis 8 gilt entsprechend.

(2) Unter den Voraussetzungen des Abs. 1 können die Polizeibehörden auch Auskunft über Verkehrsdaten nach § 96 Abs. 1 des Telekommunikationsgesetzes vom 22. Juni 2004 (BGBl. I S. 1190), zuletzt geändert

durch Gesetz vom 27. Juni 2017 (BGBl. I S. 1963), in einem zurückliegenden oder einem zukünftigen Zeitraum sowie über Inhalte verlangen, die innerhalb des Telekommunikationsnetzes in Speichereinrichtungen abgelegt sind. Erfolgt die Erhebung von Verkehrsdaten nicht beim Telekommunikationsdiensteanbieter, bestimmt sie sich nach Abschluss des Kommunikationsvorgangs nach den allgemeinen Vorschriften. Auskunft über Bestandsdaten nach den §§ 95 und 111 des Telekommunikationsgesetzes können die Polizeibehörden von demjenigen, der geschäftsmäßig Telekommunikationsdienste erbringt oder daran mitwirkt, unter den Voraussetzungen des § 12 Abs. 1 Satz 1, Abs. 3 und 4 verlangen (§ 113 Abs. 1 Satz 1 und 3 des Telekommunikationsgesetzes). Bezieht sich das Auskunftsverlangen nach Satz 3 auf Daten, mittels derer der Zugriff auf Endgeräte oder auf Speichereinrichtungen, die in diesen Endgeräten oder hiervon räumlich getrennt eingesetzt werden, geschützt wird (§ 113 Abs. 1 Satz 2 des Telekommunikationsgesetzes), darf die Auskunft nur verlangt werden, wenn die gesetzlichen Voraussetzungen für die Nutzung der Daten vorliegen. Die Auskunft über Bestandsdaten anhand einer zu einem bestimmten Zeitpunkt zugewiesenen Internetprotokoll-Adresse darf nur zur Abwehr einer erheblichen Gefahr verlangt werden. § 29 Abs. 5 bis 7 gilt für Satz 4 und 5 entsprechend.

(2a) Unter den Voraussetzungen des Abs. 1 können die Polizeibehörden von denjenigen, die geschäftsmäßig eigene oder fremde Telemedien zur Nutzung bereithalten oder den Zugang zur Nutzung vermitteln, Auskunft über Nutzungsdaten nach § 15 Abs. 1 des Telemediengesetzes vom 26. Februar 2007 (BGBl. I S. 179), zuletzt geändert durch Gesetz vom 28. September 2017 (BGBl. I S. 3530), verlangen. Die Auskunft kann auch über zukünftige Nutzungsdaten verlangt werden. Unter den Voraussetzungen des § 12 Abs. 1 Satz 1, Abs. 3 und 4 können die Polizeibehörden Auskunft über Bestandsdaten nach § 14 Abs. 1 des Telemediengesetzes verlangen. Der Dienstanbieter hat die Daten unverzüglich auf dem von der Polizeibehörde bestimmten Weg zu übermitteln.

(3) Die Polizeibehörden können unter den Voraussetzungen des Abs. 1 technische Mittel zur Ermittlung des Standortes eines aktiv geschalteten Mobilfunkendgerätes und der Geräte- und Kartennummern einsetzen.

(4) Die Polizeibehörden können zur Abwehr einer gegenwärtigen Gefahr für Leib, Leben oder Freiheit einer Person oder für solche Güter der Allgemeinheit, deren Bedrohung die Grundlagen oder den Bestand des Bundes oder eines Landes oder die Grundlagen der Existenz der Menschen berührt, Telekommunikationsverbindungen durch den Einsatz technischer Mittel unterbrechen oder verhindern.

(5) Maßnahmen nach Abs. 1, 2 Satz 1, Abs. 2a Satz 1 und 2, Abs. 3 oder 4 bedürfen außer bei Gefahr im Verzug der richterlichen Anordnung. Zuständig ist das Amtsgericht, in dessen Bezirk die Polizeibehörde

ihren Sitz hat; für das Verfahren gilt § 39 Abs. 1 Satz 3. § 15 Abs. 5 Satz 3 bis 9 gilt entsprechend. § 15 Abs. 5 Satz 4 gilt entsprechend mit der Maßgabe, dass bei Maßnahmen nach Abs. 1 und 3 die Rufnummer oder eine andere Kennung des zu überwachenden Anschlusses oder des Endgeräts, sofern sich nicht aus bestimmten Tatsachen ergibt, dass diese zugleich einem anderen Endgerät zugeordnet ist, anzugeben ist. Bei Maßnahmen nach Abs. 2 Satz 1 sowie Abs. 2a Satz 1 und 2 genügt abweichend von Satz 4 eine räumlich und zeitlich hinreichende Bezeichnung der Telekommunikation, sofern andernfalls die Erreichung des Zwecks der Maßnahme aussichtslos oder wesentlich erschwert wäre. § 15 Abs. 9 Satz 1 bis 7 gilt entsprechend.

(6) Maßnahmen nach Abs. 2 Satz 4 dürfen auf Antrag der Behördenleitung oder einer oder eines von dieser beauftragten Bediensteten durch das Gericht angeordnet werden. Bei Gefahr im Verzug kann die Anordnung durch die Behördenleitung getroffen werden. In diesem Fall ist die gerichtliche Entscheidung unverzüglich nachzuholen. Satz 1 bis 3 finden keine Anwendung, wenn die betroffene Person vom Auskunftsverlangen bereits Kenntnis hat oder haben muss oder wenn die Nutzung der Daten bereits durch eine gerichtliche Entscheidung gestattet wird. Das Vorliegen der Voraussetzungen nach Satz 4 ist aktenkundig zu machen. Abs. 5 Satz 2 bis 5 gilt entsprechend.

(7) § 17 Abs. 1 und 3 des Artikel 10-Gesetzes vom 26. Juni 2001 (BGBl. I S. 1254, 2298), zuletzt geändert durch Gesetz vom 17. August 2017 (BGBl. I S. 3202), gilt entsprechend.

§ 15b Telekommunikationsüberwachung an informationstechnischen Systemen

(1) Unter den Voraussetzungen des § 15a Abs. 1 kann die Überwachung und Aufzeichnung der Telekommunikation ohne Wissen der betroffenen Person in der Weise erfolgen, dass mit technischen Mitteln in von der betroffenen Person genutzte informationstechnische Systeme eingegriffen wird, wenn

1. durch technische Maßnahmen sichergestellt ist, dass ausschließlich laufende Telekommunikation überwacht und aufgezeichnet wird, und
2. der Eingriff in das informationstechnische System notwendig ist, um die Überwachung und Aufzeichnung der Telekommunikation insbesondere auch in unverschlüsselter Form zu ermöglichen.

(2) Es ist technisch sicherzustellen, dass

1. an dem informationstechnischen System nur Veränderungen vorgenommen werden, die für die Datenerhebung unerlässlich sind, und
2. die vorgenommenen Veränderungen bei Beendigung der Maßnahme soweit technisch möglich automatisiert rückgängig gemacht werden.

Das eingesetzte Mittel ist nach dem Stand der Technik gegen unbefugte Nutzung zu schützen. Kopierte Daten sind nach dem Stand der Technik gegen Veränderung, unbefugte Löschung und unbefugte Kenntnisnahme zu schützen.

(3) § 15 Abs. 4 Satz 4 bis 8 gilt entsprechend. § 15 Abs. 5 Satz 1 bis 9 gilt entsprechend mit der Maßgabe, dass das informationstechnische System, in das zur Datenerhebung eingegriffen werden soll, in der Anordnung möglichst genau zu bezeichnen ist. § 15 Abs. 9 Satz 1 bis 7 gilt entsprechend.

§ 15c Verdeckter Eingriff in informationstechnische Systeme

(1) Die Polizeibehörden können ohne Wissen der betroffenen Person mit technischen Mitteln in von der betroffenen Person genutzte informationstechnische Systeme eingreifen und aus ihnen Daten erheben, wenn dies zur Abwehr einer dringenden Gefahr für Leib, Leben oder Freiheit einer Person oder für solche Güter der Allgemeinheit, deren Bedrohung die Grundlagen oder den Bestand des Bundes oder eines Landes oder die Grundlagen der Existenz der Menschen berührt, unerlässlich ist.

(2) Eine Maßnahme nach Abs. 1 darf sich nur gegen eine Person richten, die nach den §§ 6 oder 7 verantwortlich ist, und nur in die von dieser Person genutzten informationstechnischen Systeme eingreifen. Eine Maßnahme nach Abs. 1 ist auch gegen eine in § 15 Abs. 2 Satz 1 Nr. 2 oder 3 genannte Person zulässig, soweit dies zur Verhütung terroristischer Straftaten unerlässlich ist. In informationstechnische Systeme anderer Personen darf die Maßnahme nur eingreifen, wenn Tatsachen die Annahme rechtfertigen, dass eine in Satz 1 oder 2 genannte Person dort ermittlungsrelevante Informationen speichert und dies unerlässlich ist. Die Maßnahme darf auch durchgeführt werden, wenn andere Personen unvermeidbar betroffen werden.

(3) § 15b Abs. 2 gilt entsprechend. § 15 Abs. 4 Satz 4 bis 6 gilt entsprechend mit der Maßgabe, dass, soweit möglich, technisch sicherzustellen ist, dass Daten, die den Kernbereich privater Lebensgestaltung betreffen, nicht erhoben werden. § 15 Abs. 5 Satz 1 bis 9 gilt entsprechend mit der Maßgabe, dass das informationstechnische System, in das zur Datenerhebung eingegriffen werden soll, in der Anordnung möglichst genau zu bezeichnen ist. § 15 Abs. 9 Satz 1 bis 7 gilt entsprechend für Erkenntnisse, die nach Abs. 1 und 2 erlangt worden sind.

§ 16 Datenerhebung durch Einsatz von Personen, deren Zusammenarbeit mit Polizeibehörden Dritten nicht bekannt ist, und durch verdeckt ermittelnde Personen

(1) Die Polizeibehörden können durch Personen, deren Zusammenarbeit mit ihnen Dritten nicht bekannt ist (V-Personen), personenbezogene Daten erheben. § 15 Abs. 2 Satz 1 gilt entsprechend.

(2) Die Polizeibehörden können durch Polizeivollzugsbeamtinnen und Polizeivollzugsbeamte, die unter einer Legende eingesetzt werden (verdeckt ermittelnde Personen – VE-Personen), personenbezogene Daten unter den Voraussetzungen des § 15 Abs. 2 Satz 1 erheben.

(3) Die Datenerhebung durch den Einsatz von V-Personen oder VE-Personen ist nur zulässig, soweit eine Auskunftspflicht nach § 12 Abs. 2 besteht und wenn andere Maßnahmen mit Ausnahme der in den §§ 15 bis 15c und 17 genannten erheblich weniger Erfolg versprechen würden oder die polizeiliche Aufgabenerfüllung mit Hilfe anderer Maßnahmen wesentlich erschwert würde. Im Rahmen der Aufgabenerfüllung können personenbezogene Daten auch über dritte Personen erhoben werden, soweit dies unerlässlich ist, um die Datenerhebung nach Abs. 1 und 2 durchführen zu können. Liegen tatsächliche Anhaltspunkte vor, dass durch den Einsatz von V-Personen oder VE-Personen allein Erkenntnisse aus dem Kernbereich privater Lebensgestaltung erlangt würden, ist deren Einsatz unzulässig. Ergeben sich während der Durchführung des Einsatzes Anhaltspunkte dafür, dass der Kernbereich privater Lebensgestaltung betroffen ist, ist der Einsatz zu unterbrechen, sobald dies ohne Gefährdung der eingesetzten Personen möglich ist. Soweit es für den Aufbau oder zur Aufrechterhaltung der Legende unerlässlich ist, dürfen für den Einsatz von VE-Personen entsprechende Urkunden hergestellt oder verändert werden. VE-Personen dürfen unter der Legende zur Erfüllung ihres Auftrags am Rechtsverkehr teilnehmen.

(4) VE-Personen dürfen unter ihrer Legende mit Einwilligung der berechtigten Person deren Wohnung betreten. Die Einwilligung darf nicht durch ein über die Nutzung der Legende hinausgehendes Vortäuschen eines Zutrittsrechts herbeigeführt werden. Eine heimliche Durchsuchung ist unzulässig. Im Übrigen richten sich die Befugnisse von VE-Personen nach diesem Gesetz oder anderen Rechtsvorschriften.

(5) Eine Anordnung über den Einsatz von V-Personen oder VE-Personen erfolgt außer bei Gefahr im Verzug schriftlich durch die Behördenleitung oder eine von dieser beauftragte Bedienstete oder einen von dieser beauftragten Bediensteten. Abweichend von Satz 1 bedarf der Einsatz von V-Personen, der sich gegen eine bestimmte Person richtet, und von VE-Personen mit einer auf Dauer angelegten Legende einer richterlichen Anordnung. Bei Gefahr im Verzug kann die Anordnung nach Satz 2 auch durch die Behördenleitung oder eine von dieser beauftragte Bedienstete oder einen von dieser beauftragten Bediensteten schriftlich getroffen werden. Ist eine Anordnung nach Satz 3 ergangen, so ist unverzüglich die richterliche Bestätigung der Anordnung zu beantragen; die Anordnung tritt außer Kraft, soweit sie nicht binnen drei Tagen richterlich bestätigt wird. Eine Anordnung muss die Personen, gegen die sich der Einsatz richten soll, so genau bezeichnen, wie dies nach den zur Zeit der Anordnung vorhandenen Erkenntnissen möglich ist. Art, Umfang

und Dauer des Einsatzes sind festzulegen und die wesentlichen Gründe anzugeben. Eine Verlängerung ist zulässig, soweit die Voraussetzungen fortbestehen. Für eine richterliche Anordnung ist das Amtsgericht zuständig, in dessen Bezirk die Polizeibehörde ihren Sitz hat; für das Verfahren gilt § 39 Abs. 1 Satz 3. Die Staatsanwaltschaft ist unverzüglich über eine Anordnung nach Satz 2 zu unterrichten.

§ 17 Polizeiliche Beobachtung, Gezielte Kontrolle

(1) Die Polizeibehörden können die Personalien einer Person sowie das amtliche Kennzeichen und sonstige Merkmale des von ihr benutzten oder eingesetzten Kraftfahrzeugs im polizeilichen Fahndungsbestand zur Polizeilichen Beobachtung oder zur Gezielten Kontrolle ausschreiben. Polizeilicher Fahndungsbestand im Sinne von Satz 1 sind die Fahndungsdateien des beim Bundeskriminalamt nach den Vorschriften des Bundeskriminalamtgesetzes und des beim Hessischen Landeskriminalamt nach den Vorschriften dieses Gesetzes geführten polizeilichen Informationssystems. Die Fahndungsdateien des polizeilichen Informationssystems umfassen auch die nach den Vorschriften des Schengener Durchführungsübereinkommens zulässigen Ausschreibungen im Schengener Informationssystem.

(2) Die Ausschreibung ist zulässig, soweit eine Auskunftspflicht nach § 12 Abs. 2 besteht und wenn

1. die Gesamtwürdigung der Person und ihre bisherigen Straftaten erwarten lassen, dass sie auch künftig Straftaten mit erheblicher Bedeutung begehen wird, oder
2. die Voraussetzungen für die Anordnung einer Observation (§ 15 Abs. 2 Satz 1 und 2) gegeben sind

und tatsächliche Anhaltspunkte die Annahme rechtfertigen, dass die aufgrund der Ausschreibung zur Polizeilichen Beobachtung gemeldeten Erkenntnisse, insbesondere über das Antreffen der Person, etwaiger Begleitpersonen, des Kraftfahrzeugs und dessen Führerin oder Führers, oder aufgrund der Ausschreibung zur Gezielten Kontrolle durchgeführten Maßnahmen für die Verhütung von Straftaten mit erheblicher Bedeutung erforderlich sind.

(3) Gegen eine nach Abs. 1 ausgeschriebene Person oder eine Person, die ein nach Abs. 1 ausgeschriebenes Kraftfahrzeug führt, sind beim Antreffen andere Maßnahmen nur zulässig, wenn jeweils die besonderen rechtlichen Voraussetzungen für diese Maßnahmen erfüllt sind.

(4) Die Ausschreibung darf nur durch die Behördenleitung oder eine von dieser beauftragte Bedienstete oder einen von dieser beauftragten Bediensteten angeordnet werden. Die Anordnung ergeht schriftlich und ist auf höchstens zwölf Monate zu befristen. Sie muss die Person, die ausgeschrieben werden soll, so genau bezeichnen, wie dies nach den zur

Zeit der Anordnung vorhandenen Erkenntnissen möglich ist. Spätestens nach Ablauf von jeweils drei Monaten ist zu prüfen, ob die Voraussetzungen für die Anordnung noch bestehen; das Ergebnis dieser Prüfung ist aktenkundig zu machen.

(5) Zur Verlängerung der Laufzeit über zwölf Monate hinaus bedarf es einer richterlichen Anordnung. Für das Verfahren gilt § 39 Abs. 1 mit der Maßgabe, dass das Amtsgericht zuständig ist, in dessen Bezirk die ausschreibende Polizeibehörde ihren Sitz hat.

(6) Liegen die Voraussetzungen für die Anordnung nicht mehr vor, ist der Zweck der Maßnahme erreicht oder zeigt sich, dass er nicht erreicht werden kann, ist die Ausschreibung unverzüglich zu löschen.

§ 17a Berichtspflichten gegenüber dem Parlament und der Öffentlichkeit

Die Landesregierung berichtet dem Landtag alle zwei Jahre über die nach den §§ 15 bis 16 getroffenen Maßnahmen sowie über Polizeiliche Beobachtungen nach § 17, soweit bei den genannten Maßnahmen eine richterliche Anordnung oder richterliche Bestätigung der Anordnung erforderlich ist, und über Übermittlungen nach § 23. Abweichend von Satz 1 ist dem Landtag über die nach § 15 Abs. 4 und 6 Satz 4 getroffenen Maßnahmen jährlich zu berichten. In diesen Berichten wird insbesondere dargestellt, in welchem Umfang, von welchen Befugnissen, aus Anlass welcher Art von Verdachtslagen Gebrauch gemacht wurde und inwieweit die betroffenen Personen hierüber benachrichtigt wurden. Die parlamentarische Kontrolle wird auf der Grundlage dieser Berichte von einer parlamentarischen Kontrollkommission ausgeübt. § 1 Abs. 2 bis 7 sowie die §§ 2 und § 4 Abs. 2 des Verfassungsschutzkontrollgesetzes vom 25. Juni 2018 (GVBl. S. 302, 317) in der jeweils geltenden Fassung gelten entsprechend. Der Landtag macht die Berichte in anonymisierter Form öffentlich.

§ 18 Identitätsfeststellung und Prüfung von Berechtigungsscheinen

(1) Die Gefahrenabwehr- und die Polizeibehörden können die Identität einer Person feststellen, wenn dies zur Abwehr einer Gefahr, zur Erfüllung der ihnen durch andere Rechtsvorschriften zugewiesenen weite-

ren Aufgaben (§ 1 Abs. 2) oder zum Schutz privater Rechte (§ 1 Abs. 3) erforderlich ist.*

(2) Die Polizeibehörden können die Identität einer Person feststellen, wenn

1. die Person sich an einem Ort aufhält,
   a) von dem aufgrund tatsächlicher Anhaltspunkte anzunehmen ist, dass dort
      aa) Personen Straftaten verabreden, vorbereiten oder verüben,
      bb) sich Personen ohne erforderlichen Aufenthaltstitel treffen oder
      cc) sich Straftäterinnen oder Straftäter verbergen, oder
   b) an dem Personen der Prostitution nachgehen,
2. dies zur Leistung von Vollzugshilfe (§ 1 Abs. 5) erforderlich ist,
3. die Person sich in einer Verkehrs- oder Versorgungsanlage oder -einrichtung, einem öffentlichen Verkehrsmittel, Amtsgebäude oder einem anderen besonders gefährdeten Objekt oder in dessen unmittelbarer Nähe aufhält und tatsächliche Anhaltspunkte die Annahme rechtfertigen, dass in oder an diesen Objekten Straftaten begangen

---

* Entscheidung des BVerfG vom 18. Dezember 2018 – 1 BvR 2795/09, 1 BvR 3187/10 (BGBl. 2019 I S. 195):

1. […]
2. a) § 18 Absatz 2 Nummer 5 des Hessischen Gesetzes über die öffentliche Sicherheit und Ordnung in der Fassung des Gesetzes zur Änderung des Hessischen Gesetzes über die öffentliche Sicherheit und Ordnung und anderer Gesetze vom 14. Dezember 2009 (Gesetz- und Verordnungsblatt für das Land Hessen, Teil I, Seite 635), soweit er polizeiliche Kontrollstellen zur Verhütung von versammlungsrechtlichen Straftaten vorsieht, und § 14a Absatz 1 Satz 1 des Hessischen Gesetzes über die öffentliche Sicherheit und Ordnung, soweit er auf diesen verweist, sind mit Artikel 8 Absatz 1 in Verbindung mit Artikel 19 Absatz 1 Satz 2 des Grundgesetzes unvereinbar.
   b) […] § 14a Absatz 1 Satz 1 des Hessischen Gesetzes über die öffentliche Sicherheit und Ordnung, soweit mit ihm auf § 18 Absatz 1 des Hessischen Gesetzes über die öffentliche Sicherheit und Ordnung verwiesen wird, [ist] mit Artikel 2 Absatz 1 in Verbindung mit Artikel 1 Absatz 1 des Grundgesetzes unvereinbar, soweit [er] die Kennzeichenkontrollen nicht auf den Schutz von Rechtsgütern von zumindest erheblichem Gewicht [beschränkt].
   c) […] § 14a Absatz 1 Satz 1 des Hessischen Gesetzes über die öffentliche Sicherheit und Ordnung, soweit mit ihm auf § 18 Absatz 2 Nummer 6 des Hessischen Gesetzes über die öffentliche Sicherheit und Ordnung verwiesen wird, [ist] mit Artikel 2 Absatz 1 in Verbindung mit Artikel 1 Absatz 1 des Grundgesetzes unvereinbar, soweit die Orte für die Durchführung der Kontrollen in Hinblick auf deren Grenzbezug nicht hinreichend bestimmt beschränkt werden.
   d) […] § 14a Absatz 4 Satz 4 des Hessischen Gesetzes über die öffentliche Sicherheit und Ordnung [ist] mit Artikel 2 Absatz 1 in Verbindung mit Artikel 1 Absatz 1 des Grundgesetzes unvereinbar, soweit [er] die Verarbeitung der Kennzeichen zu weiteren Zwecken nicht auf den Schutz von Rechtsgütern von zumindest erheblichem Gewicht oder einem vergleichbar gewichtigen öffentlichen Interesse [beschränkt].
3. Die unter 2. angeführten Vorschriften bleiben bis zu einer Neuregelung durch den Gesetzgeber, längstens bis zum 31. Dezember 2019, nach Maßgabe der Gründe weiter anwendbar.

werden sollen, durch die in oder an diesen Objekten befindliche Personen oder diese Objekte selbst unmittelbar gefährdet sind, und dies aufgrund der Gefährdungslage oder auf die Person bezogener Anhaltspunkte erforderlich ist,

4. die Person sich im räumlichen Umfeld einer Person aufhält, die in besonderem Maße als gefährdet erscheint, und tatsächliche Anhaltspunkte die Maßnahme zum Schutz der Person rechtfertigen,
5. die Person an einer Kontrollstelle angetroffen wird, die von der Polizeibehörde auf öffentlichen Straßen oder Plätzen oder an anderen öffentlich zugänglichen Orten eingerichtet worden ist, um eine der in § 100a der Strafprozessordnung bezeichneten Straftaten oder eine Straftat nach § 27 des Versammlungsgesetzes zu verhüten; die Einrichtung von Kontrollstellen ist nur mit Zustimmung des für die Polizei zuständigen Ministeriums oder von ihm benannter Stellen zulässig, es sei denn, dass Gefahr im Verzug vorliegt,*
6. die Person in Einrichtungen des internationalen Verkehrs, auf Straßen oder auf Bundeswasserstraßen, soweit aufgrund von Lageerkenntnissen oder polizeilicher Erfahrung anzunehmen ist, dass diese von erheblicher Bedeutung für die grenzüberschreitende Kriminalität

---

* Entscheidung des BVerfG vom 18. Dezember 2018 – 1 BvR 2795/09, 1 BvR 3187/10 (BGBl. 2019 I S. 195):

1. […]
2. a) § 18 Absatz 2 Nummer 5 des Hessischen Gesetzes über die öffentliche Sicherheit und Ordnung in der Fassung des Gesetzes zur Änderung des Hessischen Gesetzes über die öffentliche Sicherheit und Ordnung und anderer Gesetze vom 14. Dezember 2009 (Gesetz- und Verordnungsblatt für das Land Hessen, Teil I, Seite 635), soweit er polizeiliche Kontrollstellen zur Verhütung von versammlungsrechtlichen Straftaten vorsieht, und § 14a Absatz 1 Satz 1 des Hessischen Gesetzes über die öffentliche Sicherheit und Ordnung, soweit er auf diesen verweist, sind mit Artikel 8 Absatz 1 in Verbindung mit Artikel 19 Absatz 1 Satz 2 des Grundgesetzes unvereinbar.
   b) […] § 14a Absatz 1 Satz 1 des Hessischen Gesetzes über die öffentliche Sicherheit und Ordnung, soweit mit ihm auf § 18 Absatz 1 des Hessischen Gesetzes über die öffentliche Sicherheit und Ordnung verwiesen wird, [ist] mit Artikel 2 Absatz 1 in Verbindung mit Artikel 1 Absatz 1 des Grundgesetzes unvereinbar, soweit [er] die Kennzeichenkontrollen nicht auf den Schutz von Rechtsgütern von zumindest erheblichem Gewicht [beschränkt].
   c) […] § 14a Absatz 1 Satz 1 des Hessischen Gesetzes über die öffentliche Sicherheit und Ordnung, soweit mit ihm auf § 18 Absatz 2 Nummer 6 des Hessischen Gesetzes über die öffentliche Sicherheit und Ordnung verwiesen wird, [ist] mit Artikel 2 Absatz 1 in Verbindung mit Artikel 1 Absatz 1 des Grundgesetzes unvereinbar, soweit die Orte für die Durchführung der Kontrollen in Hinblick auf deren Grenzbezug nicht hinreichend bestimmt beschränkt werden.
   d) […] § 14a Absatz 4 Satz 4 des Hessischen Gesetzes über die öffentliche Sicherheit und Ordnung [ist] mit Artikel 2 Absatz 1 in Verbindung mit Artikel 1 Absatz 1 des Grundgesetzes unvereinbar, soweit [er] die Verarbeitung der Kennzeichen zu weiteren Zwecken nicht auf den Schutz von Rechtsgütern von zumindest erheblichem Gewicht oder einem vergleichbar gewichtigen öffentlichen Interesse [beschränkt].
3. Die unter 2. angeführten Vorschriften bleiben bis zu einer Neuregelung durch den Gesetzgeber, längstens bis zum 31. Dezember 2019, nach Maßgabe der Gründe weiter anwendbar.

sind, angetroffen wird zur vorbeugenden Bekämpfung der grenzüberschreitenden Kriminalität oder*

7. sich die Person in einem Fahrzeug befindet, das zur Gezielten Kontrolle ausgeschrieben ist.

(3) Die Gefahrenabwehr- und die Polizeibehörden können die zur Feststellung der Identität erforderlichen Maßnahmen treffen. Sie können insbesondere die Person anhalten, den Ort der Kontrolle absperren, die Person nach ihren Personalien befragen, verlangen, dass die Person mitgeführte Ausweispapiere aushändigt, und erkennungsdienstliche Maßnahmen anordnen.

(4) Die Polizeibehörden können die Person festhalten, sie und die von ihr mitgeführten Sachen nach Gegenständen durchsuchen, die zur Identitätsfeststellung dienen, sowie die Person zur Dienststelle bringen.

(5) Erkennungsdienstliche Maßnahmen können nur angeordnet und Maßnahmen nach Abs. 4 können nur durchgeführt werden, wenn die Identität auf andere Weise nicht oder nur unter erheblichen Schwierigkeiten festgestellt werden kann. Gegen eine Person, die nicht nach den §§ 6 oder 7 verantwortlich ist, können erkennungsdienstliche Maßnahmen gegen ihren Willen nicht durchgeführt werden, es sei denn, dass sie

---

* Entscheidung des BVerfG vom 18. Dezember 2018 – 1 BvR 2795/09, 1 BvR 3187/10 (BGBl. 2019 I S. 195):

1. [...]
2. a) § 18 Absatz 2 Nummer 5 des Hessischen Gesetzes über die öffentliche Sicherheit und Ordnung in der Fassung des Gesetzes zur Änderung des Hessischen Gesetzes über die öffentliche Sicherheit und Ordnung und anderer Gesetze vom 14. Dezember 2009 (Gesetz- und Verordnungsblatt für das Land Hessen, Teil I, Seite 635), soweit er polizeiliche Kontrollstellen zur Verhütung von versammlungsrechtlichen Straftaten vorsieht, und § 14a Absatz 1 Satz 1 des Hessischen Gesetzes über die öffentliche Sicherheit und Ordnung, soweit er auf diesen verweist, sind mit Artikel 8 Absatz 1 in Verbindung mit Artikel 19 Absatz 1 Satz 2 des Grundgesetzes unvereinbar.

   b) [...] § 14a Absatz 1 Satz 1 des Hessischen Gesetzes über die öffentliche Sicherheit und Ordnung, soweit mit ihm auf § 18 Absatz 1 des Hessischen Gesetzes über die öffentliche Sicherheit und Ordnung verwiesen wird, [ist] mit Artikel 2 Absatz 1 in Verbindung mit Artikel 1 Absatz 1 des Grundgesetzes unvereinbar, soweit [er] die Kennzeichenkontrollen nicht auf den Schutz von Rechtsgütern von zumindest erheblichem Gewicht [beschränkt].

   c) [...] § 14a Absatz 1 Satz 1 des Hessischen Gesetzes über die öffentliche Sicherheit und Ordnung, soweit mit ihm auf § 18 Absatz 2 Nummer 6 des Hessischen Gesetzes über die öffentliche Sicherheit und Ordnung verwiesen wird, [ist] mit Artikel 2 Absatz 1 in Verbindung mit Artikel 1 Absatz 1 des Grundgesetzes unvereinbar, soweit die Orte für die Durchführung der Kontrollen in Hinblick auf deren Grenzbezug nicht hinreichend bestimmt beschränkt werden.

   d) [...] § 14a Absatz 4 Satz 4 des Hessischen Gesetzes über die öffentliche Sicherheit und Ordnung [ist] mit Artikel 2 Absatz 1 in Verbindung mit Artikel 1 Absatz 1 des Grundgesetzes unvereinbar, soweit [er] die Verarbeitung der Kennzeichen zu weiteren Zwecken nicht auf den Schutz von Rechtsgütern von zumindest erheblichem Gewicht oder einem vergleichbar gewichtigen öffentlichen Interesse [beschränkt].
3. Die unter 2. angeführten Vorschriften bleiben bis zu einer Neuregelung durch den Gesetzgeber, längstens bis zum 31. Dezember 2019, nach Maßgabe der Gründe weiter anwendbar.

Angaben über die Identität verweigert oder bestimmte Tatsachen den Verdacht einer Täuschung über die Identität begründen.

(6) Werden die Personalien bei der betroffenen Person erhoben, ist diese auf den Grund für die Identitätsfeststellung hinzuweisen, sofern der Zweck der Maßnahme hierdurch nicht beeinträchtigt wird.

(7) Die Gefahrenabwehr- und die Polizeibehörden können verlangen, dass Berechtigungsscheine, Bescheinigungen, Nachweise oder sonstige Urkunden zur Prüfung ausgehändigt werden, wenn die betroffene Person aufgrund einer Rechtsvorschrift verpflichtet ist, diese Urkunden mitzuführen.

§ 19 Erkennungsdienstliche Maßnahmen, DNA-Analyse

(1) Erkennungsdienstliche Maßnahmen sind

1. die Abnahme von Fingerabdrücken und Abdrücken anderer Körperpartien,
2. die Aufnahme von Abbildungen,
3. Messungen und Feststellungen äußerer körperlicher Merkmale.

(2) Die Polizeibehörden können erkennungsdienstliche Maßnahmen vornehmen, wenn dies

1. nach § 18 Abs. 3 zur Feststellung der Identität angeordnet ist oder
2. zur vorbeugenden Bekämpfung von Straftaten erforderlich ist, weil die betroffene Person verdächtig ist, eine Straftat begangen zu haben, und wegen der Art oder Ausführung der Tat die Gefahr der Wiederholung besteht.

(3) Ist eine noch nicht vierzehn Jahre alte Person verdächtig, eine Straftat mit erheblicher Bedeutung begangen zu haben, und besteht wegen der Art oder Ausführung der Tat die Gefahr, dass sie künftig eine Straftat mit erheblicher Bedeutung begehen wird, können die Polizeibehörden zu Zwecken der vorbeugenden Bekämpfung von Straftaten Körperzellen entnehmen. § 36 Abs. 5 Satz 2 bis 5 gilt entsprechend. Zur Feststellung des DNA-Identifizierungsmusters können die entnommenen Körperzellen molekulargenetisch untersucht werden. § 81f der Strafprozessordnung und § 36 Abs. 5 Satz 3 gelten entsprechend. Die entnommenen Körperzellen sind unverzüglich nach der Analyse zu vernichten, es sei denn, ihre weitere Aufbewahrung ist nach anderen Rechtsvorschriften zulässig.

(4) Ist die Identität festgestellt und die weitere Aufbewahrung der angefallenen Unterlagen auch nach Abs. 2 Nr. 2 oder Abs. 3 nicht erforderlich, oder sind die Voraussetzungen nach Abs. 2 Nr. 2 oder Abs. 3 entfallen, sind die angefallenen Unterlagen zu vernichten, es sei denn, ihre weitere Aufbewahrung ist nach anderen Rechtsvorschriften zulässig.

Sind die Unterlagen an andere Stellen übermittelt worden, so sind diese über die erforderliche Vernichtung zu unterrichten.

(5) Die betroffene Person ist bei Vornahme der erkennungsdienstlichen Maßnahmen oder bei der Entnahme von Körperzellen zur DNA-Analyse über die Vernichtungspflicht nach Abs. 4 Satz 1 zu belehren. Sind die Unterlagen ohne Wissen der betroffenen Person angefertigt worden, so ist ihr mitzuteilen, welche Unterlagen aufbewahrt werden, sobald dies ohne Gefährdung des Zwecks der Maßnahme geschehen kann.

(6) Soweit sich die Maßnahmen nach Abs. 1 bis 5 auf besondere Kategorien personenbezogener Daten beziehen, sind die §§ 20 und 43 des Hessischen Datenschutz- und Informationsfreiheitsgesetzes und Art. 9 der Verordnung (EU) Nr. 2016/679 zu beachten.

§ 20 Datenweiterverarbeitung, Zweckbindung, Grundsatz der hypothetischen Datenneuerhebung

(1) Die Gefahrenabwehr- und die Polizeibehörden können personenbezogene Daten, die sie selbst erhoben haben, unter Berücksichtigung der jeweiligen Datenerhebungsvorschrift weiterverarbeiten

1. zur Erfüllung derselben Aufgabe und
2. zum Schutz derselben Rechtsgüter oder sonstigen Rechte oder zur Verhütung derselben Straftaten oder Ordnungswidrigkeiten.

Satz 1 gilt entsprechend für personenbezogene Daten, denen keine Erhebung vorausgegangen ist, mit der Maßgabe, dass für die Weiterverarbeitung der Zweck der Speicherung zu berücksichtigen ist. Für die Weiterverarbeitung von personenbezogenen Daten, die aus Maßnahmen nach § 15 Abs. 4 oder § 15c erlangt wurden, muss eine Gefahr oder Gefahrenlage im Sinne der jeweiligen Vorschrift vorliegen.

(2) Die Gefahrenabwehr- und die Polizeibehörden können zur Erfüllung ihrer Aufgaben personenbezogene Daten zu anderen Zwecken als denjenigen, zu denen sie erhoben worden sind, weiterverarbeiten, wenn unter Berücksichtigung der jeweiligen Datenerhebungsvorschrift

1. mindestens
   a) vergleichbar schwerwiegende Straftaten oder Ordnungswidrigkeiten verhütet oder
   b) vergleichbar bedeutsame Rechtsgüter oder sonstige Rechte geschützt

   werden sollen und
2. sich im Einzelfall konkrete Ermittlungsansätze
   a) zur Verhütung solcher Straftaten oder Ordnungswidrigkeiten ergeben oder

b) zur Abwehr von in einem übersehbaren Zeitraum drohenden Gefahren für mindestens vergleichbar bedeutsame Rechtsgüter oder sonstige Rechte erkennen lassen.

Abweichend von Satz 1 können die vorhandenen zur Identifizierung dienenden Daten einer Person, wie insbesondere Namen, Geschlecht, Geburtsdatum, Geburtsort, Staatsangehörigkeit, Anschrift (Grunddaten), auch weiterverarbeitet werden, um diese Person zu identifizieren. Abs. 8 und 9, die §§ 24, 25 und 45 des Hessischen Datenschutz- und Informationsfreiheitsgesetzes sowie § 20b und besondere Vorschriften zur Weiterverarbeitung bleiben unberührt. Satz 1 bis 3 gelten entsprechend für personenbezogene Daten, denen keine Erhebung vorausgegangen ist, mit der Maßgabe, dass für die Weiterverarbeitung der Zweck der Speicherung zu berücksichtigen ist.

(3) Für die Weiterverarbeitung von personenbezogenen Daten, die durch einen verdeckten Einsatz technischer Mittel in oder aus Wohnungen oder einen verdeckten Eingriff in informationstechnische Systeme erlangt wurden, gilt Abs. 2 Satz 1 Nr. 2 Buchst. b mit der Maßgabe entsprechend, dass

1. bei personenbezogenen Daten, die durch einen verdeckten Einsatz technischer Mittel in oder aus Wohnungen erlangt wurden, eine Gefahr im Sinne des § 15 Abs. 4 und
2. bei personenbezogenen Daten, die durch einen verdeckten Eingriff in informationstechnische Systeme erlangt wurden, eine Gefahr oder Gefahrenlage im Sinne des § 15c Abs. 1 oder 2

vorliegen muss. Personenbezogene Daten, die durch Herstellung von Lichtbildern oder Bildaufzeichnungen über eine Person im Wege eines verdeckten Einsatzes technischer Mittel in oder aus Wohnungen erlangt wurden, dürfen nicht zu Strafverfolgungszwecken weiterverarbeitet werden.

(4) Bei der Weiterverarbeitung von personenbezogenen Daten ist durch organisatorische und technische Vorkehrungen sicherzustellen, dass die Abs. 1 bis 3 beachtet werden.

(5) Die Gefahrenabwehr- und die Polizeibehörden können personenbezogene Daten nach Maßgabe der Abs. 1 bis 4 weiterverarbeiten, soweit dies zur Erfüllung ihrer Aufgaben erforderlich ist und soweit andere Rechtsvorschriften keine besonderen Voraussetzungen vorsehen.

(6) Die Polizeibehörden können, soweit Bestimmungen der Strafprozessordnung oder andere Rechtsvorschriften nicht entgegenstehen, personenbezogene Daten, die sie im Rahmen der Verfolgung von Straftaten gewonnen haben, zur Abwehr einer Gefahr oder zur vorbeugenden Bekämpfung von Straftaten weiterverarbeiten. Soweit es sich um Daten von Personen handelt, die verdächtig sind, eine Straftat begangen zu haben, sind die Daten zu löschen, sobald der Verdacht entfällt.

(7) Die Polizeibehörden können zur vorbeugenden Bekämpfung von Straftaten personenbezogene Daten über die in § 13 Abs. 2 Nr. 1 bis 5 genannten Personen weiterverarbeiten. Eine automatisierte Weiterverarbeitung personenbezogener Daten über die in § 13 Abs. 2 Nr. 2 bis 5 genannten Personen ist jedoch nur zulässig, soweit dies zur vorbeugenden Bekämpfung von Straftaten mit erheblicher Bedeutung erforderlich ist.

(8) Die Polizeibehörden und die Hessische Hochschule für öffentliches Management und Sicherheit können gespeicherte personenbezogene Daten zur polizeilichen Aus- oder Fortbildung oder effektiven Wirksamkeitskontrolle oder zu statistischen Zwecken weiterverarbeiten. Die Daten sind zum frühestmöglichen Zeitpunkt zu anonymisieren. Die Abs. 1, 2, 4 bis 7 und § 68 des Hessischen Datenschutz- und Informationsfreiheitsgesetzes finden insoweit keine Anwendung. Eine Weiterverarbeitung von personenbezogenen Daten, die aus in Abs. 3 genannten Maßnahmen erlangt wurden, ist ausgeschlossen; dies gilt nicht, soweit die Weiterverarbeitung dieser Daten für die Zwecke nach Satz 1 unerlässlich ist.

(9) Die Gefahrenabwehr- und die Polizeibehörden können zur Vorgangsverwaltung oder zur befristeten Dokumentation behördlichen Handelns personenbezogene Daten ausschließlich zu diesem Zweck oder zu dem in Abs. 10 Satz 1 genannten Zweck weiterverarbeiten. Abs. 1 bis 7 finden insoweit keine Anwendung. Die personenbezogenen Daten nach Satz 1 können auch zu den in den §§ 13a, 13b und 25a genannten Zwecken weiterverarbeitet werden.

(10) Die Polizeibehörden können für die Planung von Maßnahmen der Kriminalitätsbekämpfung vorhandene personenbezogene Daten über Vermisstenfälle, auswertungsrelevante Straftaten und verdächtige Wahrnehmungen zur Erstellung eines Kriminalitätslagebildes weiterverarbeiten. Ein Kriminalitätslagebild darf Daten von Geschädigten, Zeuginnen und Zeugen sowie anderen nicht tatverdächtigen Personen nur enthalten, soweit dies zur Zweckerreichung erforderlich ist. Die automatisiert verarbeiteten personenbezogenen Daten sind spätestens am Ende des der Speicherung folgenden Jahres zu löschen.

(11) Die Polizeibehörden zeichnen Notrufe und Meldungen über sonstige Notrufeinrichtungen sowie den Funkverkehr ihrer Leitstellen auf. Gefahrenabwehr- und Polizeibehörden können sonstige Telekommunikation aufzeichnen, wenn dies für ihre Aufgabenerfüllung erforderlich ist; auf die Aufzeichnung soll hingewiesen werden, soweit dadurch die Aufgabenerfüllung nicht gefährdet wird. Soweit erforderlich, können die Aufzeichnungen

1. zur Abwehr einer Gefahr,
2. zur Strafverfolgung oder
3. zur Dokumentation behördlichen Handelns

weiterverarbeitet werden. Aufzeichnungen sind spätestens nach drei Monaten zu löschen, wenn sie nicht zu einem Zweck nach Satz 3 verarbeitet werden.

(12) § 13 Abs. 9 gilt bei der Weiterverarbeitung personenbezogener Daten entsprechend. Bei Bewertungen ist § 68 des Hessischen Datenschutz- und Informationsfreiheitsgesetzes zu beachten. In den Fällen, in denen bereits Daten zu einer Person vorhanden sind, können zu dieser Person auch personengebundene Hinweise, die zum Schutz dieser Person oder zum Schutz der Bediensteten der Gefahrenabwehr- und der Polizeibehörden erforderlich sind, und weitere Hinweise, die geeignet sind, dem Schutz Dritter oder der Gewinnung von Ermittlungsansätzen zu dienen, weiterverarbeitet werden.

§ 20a Kennzeichnung

(1) Bei der Speicherung in polizeilichen Informationssystemen sind personenbezogene Daten wie folgt zu kennzeichnen:

1. Angabe des Mittels der Erhebung der Daten einschließlich der Angabe, ob die Daten offen oder verdeckt erhoben wurden,
2. Angabe der Kategorie betroffener Personen bei denjenigen Personen, zu denen der Identifizierung dienende Daten, wie insbesondere Namen, Geschlecht, Geburtsdatum, Geburtsort, Staatsangehörigkeit, Anschrift, angelegt wurden (Grunddaten),
3. Angabe der Rechtsgüter oder sonstiger Rechte, deren Schutz die Erhebung dient, oder der Straftaten oder Ordnungswidrigkeiten, deren Verfolgung oder Verhütung die Erhebung dient,
4. Angabe der Stelle, die die Daten erhoben hat.

Die Kennzeichnung nach Satz 1 Nr. 1 kann auch durch die Angabe der Rechtsgrundlage der jeweiligen Mittel der Datenerhebung ergänzt werden. Personenbezogene Daten, denen keine Erhebung vorausgegangen ist, sind, soweit möglich, nach Satz 1 zu kennzeichnen; darüber hinaus sind die erste Daten verarbeitende Stelle sowie, soweit möglich, derjenige, von dem die Daten erlangt wurden, anzugeben.

(2) Personenbezogene Daten, die nicht entsprechend den Anforderungen des Abs. 1 gekennzeichnet sind, dürfen so lange nicht weiterverarbeitet oder übermittelt werden, bis eine Kennzeichnung entsprechend den Anforderungen des Abs. 1 erfolgt ist.

(3) Nach einer Übermittlung an eine andere Stelle ist die Kennzeichnung nach Abs. 1 durch diese Stelle aufrechtzuerhalten.

(4) Die Abs. 1 bis 3 gelten nicht, soweit eine Kennzeichnung tatsächlich nicht möglich ist. Die Abs. 1 bis 3 gelten ebenfalls nicht, solange eine Kennzeichnung technisch nicht möglich ist oder einen unverhältnismäßigen Aufwand erfordern würde.

§ 20b Weiterverarbeitung für die wissenschaftliche Forschung

(1) Eine Weiterverarbeitung oder Übermittlung von personenbezogenen Daten, die aus den in § 20 Abs. 3 genannten Maßnahmen erlangt wurden, ist ausgeschlossen. Dies gilt nicht, soweit die Weiterverarbeitung für die polizeiliche Eigenforschung und effektive Wirksamkeitskontrolle unerlässlich ist.

(2) Personenbezogene Daten dürfen nur an Amtsträger, für den öffentlichen Dienst besonders Verpflichtete oder Personen, die zur Geheimhaltung verpflichtet worden sind, übermittelt werden.

(3) Durch organisatorische und technische Maßnahmen hat die die wissenschaftliche Forschung betreibende Stelle zu gewährleisten, dass die Daten gegen unbefugte Kenntnisnahme geschützt sind.

(4) Im Übrigen finden die §§ 24 und 45 des Hessischen Datenschutz- und Informationsfreiheitsgesetzes Anwendung.

§ 21 Allgemeine Regeln der Datenübermittlung, Übermittlungsverbote und Verweigerungsgründe

(1) Die Gefahrenabwehr- und die Polizeibehörden können personenbezogene Daten unter Beachtung des § 20 Abs. 1 bis 3 sowie der nachstehenden Bestimmungen übermitteln. Die empfangende Stelle, Tag und wesentlicher Inhalt der Übermittlung sind festzuhalten; dies gilt nicht für das automatisierte Abrufverfahren (§ 24). Bewertungen dürfen anderen als Gefahrenabwehr- und Polizeibehörden nicht übermittelt werden. Dies gilt nicht, soweit Fahndungsaufrufe mit einer Warnung verbunden sind.

(2) Eine Übermittlung hat zu unterbleiben, wenn für die übermittelnde Gefahrenabwehr- oder Polizeibehörde erkennbar ist, dass unter Berücksichtigung der Art der Daten und ihrer Erhebung die schutzwürdigen Interessen der betroffenen Person das Allgemeininteresse an der Übermittlung überwiegen, oder besondere gesetzliche Verwendungsregelungen entgegenstehen. Die Verpflichtung zur Wahrung gesetzlicher Geheimhaltungspflichten oder von Berufs- oder besonderen Amtsgeheimnissen, die nicht auf Rechtsvorschriften beruhen, bleibt unberührt.

(3) Die Datenübermittlung nach § 22 Abs. 5 und § 23 hat darüber hinaus zu unterbleiben,

1. wenn hierdurch wesentliche Sicherheitsinteressen des Bundes oder der Länder beeinträchtigt würden,
2. wenn hierdurch der Erfolg laufender Ermittlungen oder Leib, Leben oder Freiheit einer Person gefährdet würde oder
3. soweit Grund zu der Annahme besteht, dass dadurch gegen den Zweck eines deutschen Gesetzes verstoßen würde, oder

4. wenn tatsächliche Anhaltspunkte dafür vorliegen, dass die Übermittlung der Daten zu den in der Charta der Grundrechte der Europäischen Union enthaltenen Grundsätzen, insbesondere dadurch, dass durch die Nutzung der übermittelten Daten im Empfängerstaat Verletzungen von elementaren rechtsstaatlichen Grundsätzen oder Menschenrechtsverletzungen drohen, in Widerspruch stünde.

(4) Die Übermittlung darf nicht zu einer Erweiterung des Kreises der Stellen nach den §§ 41 und 61 des Bundeszentralregistergesetzes in der Fassung der Bekanntmachung vom 21. September 1984 (BGBl. I S. 1229, 1985 I S. 195), zuletzt geändert durch Gesetz vom 18. Juli 2017 (BGBl. I S. 2732), führen, die von Eintragungen, die in ein Führungszeugnis nicht aufgenommen werden, Kenntnis erhalten, und muss das Verwertungsverbot im Bundeszentralregister getilgter oder zu tilgender Eintragungen nach den §§ 51, 52 und 63 des Bundeszentralregistergesetzes berücksichtigen.

(5) Die übermittelnde Gefahrenabwehr- oder Polizeibehörde prüft die Zulässigkeit der Übermittlung. Erfolgt die Übermittlung aufgrund eines Ersuchens der empfangenden Stelle, hat die übermittelnde Gefahrenabwehr- oder Polizeibehörde nur zu prüfen, ob das Übermittlungsersuchen im Rahmen der Aufgaben der empfangenden Stelle liegt. Die Zulässigkeit der Übermittlung im Übrigen prüft sie nur, wenn hierfür im Einzelfall besonderer Anlass besteht. Die empfangende Stelle hat der übermittelnden Gefahrenabwehr- oder Polizeibehörde die erforderlichen Angaben zu machen.

(6) Die empfangende Stelle darf die übermittelten personenbezogenen Daten, soweit gesetzlich nichts anderes bestimmt ist, nur zu dem Zweck verarbeiten, zu dem sie ihr übermittelt worden sind. Eine Verarbeitung für andere Zwecke ist unter Beachtung des § 20 Abs. 2 und 3 zulässig; im Falle des § 22 Abs. 3 gilt dies nur, soweit zusätzlich die übermittelnde Gefahrenabwehr- oder Polizeibehörde zustimmt. Bei Übermittlungen nach § 22 Abs. 3 und § 23 hat die übermittelnde Gefahrenabwehr- oder Polizeibehörde die empfangende Stelle darauf hinzuweisen.

(7) Sind mit personenbezogenen Daten, die übermittelt werden dürfen, weitere personenbezogene Daten der betroffenen Person oder eines Dritten in Akten so verbunden, dass eine Trennung nicht oder nur mit unvertretbarem Aufwand möglich ist, so ist die Übermittlung auch dieser Daten zulässig, soweit nicht berechtigte Interessen der betroffenen Person oder eines Dritten an der Geheimhaltung offensichtlich überwiegen; eine Verwendung dieser Daten ist unzulässig.

(8) Andere besondere Rechtsvorschriften über die Datenübermittlung bleiben unberührt.

§ 22 Datenübermittlung im innerstaatlichen Bereich und im Bereich der Europäischen Union und deren Mitgliedstaaten

(1) Zwischen den Polizeibehörden können personenbezogene Daten übermittelt werden, soweit sie diese in Erfüllung ihrer Aufgaben nach § 1 erlangt haben und die Datenübermittlung zur Erfüllung dieser Aufgaben erforderlich ist. Dies gilt auch für die Übermittlung personenbezogener Daten an Polizeibehörden und -dienststellen des Bundes und der anderen Länder. Zwischen den Gefahrenabwehrbehörden, anderen für die Gefahrenabwehr zuständigen Behörden oder öffentlichen Stellen und den Polizeibehörden können personenbezogene Daten übermittelt werden, soweit die Kenntnis dieser Daten zur Erfüllung der Aufgaben der empfangenden Stelle erforderlich erscheint.

(2) Liegen die Voraussetzungen des Abs. 1 nicht vor, können die Gefahrenabwehr- und die Polizeibehörden personenbezogene Daten an Behörden oder öffentliche Stellen übermitteln, soweit dies erforderlich ist

1. zur Erfüllung gefahrenabwehrbehördlicher oder polizeilicher Aufgaben,
2. zur Abwehr einer Gefahr für die empfangende Stelle,
3. aufgrund tatsächlicher Anhaltspunkte zur Wahrnehmung einer sonstigen Gefahrenabwehraufgabe durch die empfangende Stelle,
4. zur Verhütung oder Beseitigung erheblicher Nachteile für das Gemeinwohl oder
5. zur Verhütung oder Beseitigung einer schwerwiegenden Beeinträchtigung der Rechte einer anderen Person.

In den Fällen des Satz 1 Nr. 5 ist die Person, deren Daten übermittelt worden sind, zu benachrichtigen, sobald der Zweck der Übermittlung dem nicht mehr entgegensteht.

(3) Die Gefahrenabwehr- und die Polizeibehörden können in den Fällen des Abs. 2 Satz 1 Nr. 1, 2, 4 und 5 personenbezogene Daten auch an nicht öffentliche Stellen übermitteln. Abs. 2 Satz 2 gilt entsprechend. Über die Übermittlungen ist ein Nachweis zu führen, aus dem der Anlass, der Inhalt, die empfangende Stelle, der Tag der Übermittlung sowie die Aktenfundstelle hervorgehen. Er ist am Ende des Kalenderjahres, das dem Jahr seiner Erstellung folgt, zu löschen oder zu vernichten. Die Löschung oder Vernichtung unterbleibt, solange der Nachweis für Zwecke einer bereits eingeleiteten Datenschutzkontrolle oder zur Verhinderung oder Verfolgung einer Straftat mit erheblicher Bedeutung benötigt wird oder Grund zu der Annahme besteht, dass im Falle einer Löschung schutzwürdige Interessen der betroffenen Person beeinträchtigt würden. Besteht Grund zu der Annahme, dass durch die Übermittlung der der Erhebung der Daten zugrunde liegende Zweck gefährdet würde, ist vor der Übermittlung die Zustimmung der Stelle einzuholen, von der die Daten übermittelt wurden; die übermittelnde Stelle kann bestimmte von

ihr übermittelte Daten so kennzeichnen oder mit einem Hinweis versehen, dass vor einer Übermittlung ihre Zustimmung einzuholen ist.

(4) Abweichend von § 21 Abs. 1 Satz 3 können die Gefahrenabwehr- und die Polizeibehörden personenbezogene Daten nach Maßgabe der Abs. 2 und 3 übermitteln, soweit dies zur Abwehr einer Gefahr unerlässlich ist und die empfangende Stelle die Daten auf andere Weise, obwohl berechtigt, nicht oder nicht rechtzeitig oder nur mit unverhältnismäßig hohem Aufwand erlangen kann.

(5) Die Abs. 1 bis 4 gelten entsprechend für die Übermittlung von personenbezogenen Daten an

1. öffentliche und nicht öffentliche Stellen in Mitgliedstaaten der Europäischen Union sowie an über- und zwischenstaatliche Stellen der Europäischen Union oder deren Mitgliedstaaten,
2. Polizeibehörden oder sonstige für die Zwecke des § 40 des Hessischen Datenschutz- und Informationsfreiheitsgesetzes zuständige öffentliche Stellen der am Schengen-Besitzstand teilhabenden assoziierten Staaten.

(6) Andere Behörden und sonstige öffentliche Stellen können personenbezogene Daten an die Gefahrenabwehr- und die Polizeibehörden übermitteln, soweit dies zur Erfüllung gefahrenabwehrbehördlicher oder polizeilicher Aufgaben erforderlich erscheint und die von der übermittelnden Stelle zu beachtenden Rechtsvorschriften nicht entgegenstehen. Sie sind zur Übermittlung verpflichtet, wenn es für die Abwehr von Gefahren für Leib, Leben oder Freiheit einer Person erforderlich ist.

§ 23 Datenübermittlung im internationalen Bereich

(1) Die Gefahrenabwehr- und die Polizeibehörden können personenbezogene Daten zu Zwecken des § 40 des Hessischen Datenschutz- und Informationsfreiheitsgesetzes unter Beachtung der §§ 73 bis 75 des Hessischen Datenschutz- und Informationsfreiheitsgesetzes an für Zwecke des § 40 des Hessischen Datenschutz- und Informationsfreiheitsgesetzes zuständige

1. öffentliche Stellen in anderen als den in § 22 Abs. 5 genannten Staaten (Drittländer) und
2. andere über- und zwischenstaatliche Stellen, die in § 22 Abs. 5 nicht genannt sind,

übermitteln, soweit dies erforderlich ist zur Erfüllung einer Aufgabe der übermittelnden Gefahrenabwehr- oder Polizeibehörde oder zur Abwehr einer erheblichen Gefahr durch die empfangende Stelle. Entsprechendes gilt, wenn tatsächliche Anhaltspunkte dafür bestehen, dass Straftaten von erheblicher Bedeutung begangen werden sollen.

(2) Die Gefahrenabwehr- und die Polizeibehörden können zu Zwecken des § 40 des Hessischen Datenschutz- und Informationsfreiheitsge-

setzes unter Beachtung des § 76 des Hessischen Datenschutz- und Informationsfreiheitsgesetzes auch an die dort genannten Stellen personenbezogene Daten übermitteln. Zusätzlich können personenbezogene Daten unter den Voraussetzungen des Satz 1 an andere über- und zwischenstaatlichen Stellen als die in Abs. 1 genannten übermittelt werden, soweit ein Fall des Abs. 1 vorliegt.

(3) Abs. 1 gilt für die Übermittlung zu Zwecken außerhalb des § 40 des Hessischen Datenschutz- und Informationsfreiheitsgesetzes unter Beachtung der Art. 44 bis 49 der Verordnung (EU) Nr. 2016/679 an öffentliche Stellen in anderen als den in § 22 Abs. 5 genannten Staaten (Drittländer) und an andere über- und zwischenstaatliche Stellen als die in § 22 Abs. 5 genannten entsprechend.

(4) Zur Beurteilung der Zulässigkeit der Datenübermittlung ist eine fortlaufend aktualisierte Aufstellung über die Einhaltung der elementaren rechtsstaatlichen Grundsätze und Menschenrechtsstandards sowie das Datenschutzniveau in den jeweiligen Drittländern, die die speziellen Erfordernisse des polizeilichen Informationsaustauschs berücksichtigt, heranzuziehen. Hierbei sind insbesondere die jeweils aktuellen Erkenntnisse und maßgeblich zu berücksichtigen, ob ein Angemessenheitsbeschluss der Europäischen Kommission nach Art. 36 der Richtlinie (EU) Nr. 2016/680 des Europäischen Parlaments und des Rates vom 27. April 2016 zum Schutz natürlicher Personen bei der Verarbeitung personenbezogener Daten durch die zuständigen Behörden zum Zwecke der Verhütung, Ermittlung, Aufdeckung oder Verfolgung von Straftaten oder der Strafvollstreckung sowie zum freien Datenverkehr und zur Aufhebung des Rahmenbeschlusses 2008/977/JI des Rates (ABl. EU Nr. L 119 S. 89) oder nach Art. 45 der Verordnung (EU) Nr. 2016/679 vorliegt.

(5) § 22 Abs. 4 gilt entsprechend.

§ 24 Automatisiertes Abrufverfahren

Die Einrichtung eines Verfahrens, das die automatisierte Übermittlung personenbezogener Daten der Polizeibehörden und der Gefahrenabwehrbehörden durch Abruf ermöglicht, ist zulässig, soweit diese Form der Datenübermittlung unter Berücksichtigung der schutzwürdigen Belange der betroffenen Person und der Erfüllung von Aufgaben der beteiligten Stellen angemessen ist. Zum Abruf können zugelassen werden:

1. Polizeibehörden,
2. die Hessische Hochschule für öffentliches Management und Sicherheit, soweit dies für die Aus- und Fortbildung im Polizeidienst erforderlich ist,
3. Polizeibehörden und -dienststellen des Bundes und der anderen Länder,

4. Gefahrenabwehrbehörden und sonstige öffentliche Stellen in Verfahren, die Zuverlässigkeitsüberprüfungen zum Gegenstand haben,
5. Ausländerbehörden in Verfahren, die die Erteilung von Aufenthaltsgenehmigungen und Aufenthaltsbeendigungen zum Gegenstand haben,
6. Einbürgerungsbehörden in Verfahren, die die Ermittlungen von Einbürgerungsvoraussetzungen zum Gegenstand haben,
7. die Allgemeinheit, soweit es sich um personenbezogene Daten handelt, die für die Öffentlichkeit bestimmt sind.

In den Fällen des Satzes 2 Nr. 4 bis 6 darf nur Auskunft erteilt werden, wenn über die betroffene Person keine Daten gespeichert sind (Negativauskunft). Die speichernde Stelle hat in den Fällen des Satz 2 Nr. 1 bis 6 zu gewährleisten, dass die Übermittlung festgestellt und überprüft werden kann, mindestens durch geeignete Stichprobenverfahren.

§ 25 Datenabgleich

(1) Die Polizeibehörden können personenbezogene Daten der in den §§ 6 und 7 sowie § 13 Abs. 2 Nr. 1 genannten Personen mit automatisiert gespeicherten Daten der Polizeibehörden und Polizeidienststellen des Bundes und der anderen Länder abgleichen. Personenbezogene Daten anderer Personen kann die Polizeibehörde nur abgleichen, wenn dies aufgrund tatsächlicher Anhaltspunkte zur Erfüllung einer bestimmten polizeilichen Aufgabe erforderlich erscheint. Die Polizeibehörden können ferner im Rahmen ihrer Aufgabenerfüllung erlangte personenbezogene Daten mit dem Fahndungsbestand abgleichen. Die betroffene Person kann angehalten und für die Dauer des Datenabgleichs festgehalten werden. § 18 bleibt unberührt.

(2) Die Gefahrenabwehrbehörden können personenbezogene Daten mit ihren automatisiert gespeicherten Daten unter den Voraussetzungen für die Verarbeitung personenbezogener Daten (§ 20) abgleichen.

(3) Besondere Rechtsvorschriften über den Datenabgleich bleiben unberührt.

§ 25a Automatisierte Anwendung zur Datenanalyse

(1) Die Polizeibehörden können in begründeten Einzelfällen gespeicherte personenbezogene Daten mittels einer automatisierten Anwendung zur Datenanalyse weiterverarbeiten zur vorbeugenden Bekämpfung von in § 100a Abs. 2 der Strafprozessordnung genannten Straftaten oder zur Abwehr einer Gefahr für den Bestand oder die Sicherheit des Bundes oder eines Landes oder Leib, Leben oder Freiheit einer Person oder Sachen von bedeutendem Wert, deren Erhaltung im öffentlichen Interesse geboten ist, oder wenn gleichgewichtige Schäden für die Umwelt zu erwarten sind.

(2) Im Rahmen der Weiterverarbeitung nach Abs. 1 können insbesondere Beziehungen oder Zusammenhänge zwischen Personen, Personengruppierungen, Institutionen, Organisationen, Objekten und Sachen hergestellt, unbedeutende Informationen und Erkenntnisse ausgeschlossen, die eingehenden Erkenntnisse zu bekannten Sachverhalten zugeordnet sowie gespeicherte Daten statistisch ausgewertet werden.

(3) Die Einrichtung und wesentliche Änderung einer automatisierten Anwendung zur Datenanalyse erfolgen durch Anordnung der Behördenleitung oder einer oder eines von dieser beauftragten Bediensteten. Die oder der Hessische Datenschutzbeauftragte ist vor der Einrichtung oder wesentlichen Änderung nach Satz 1 anzuhören; bei Gefahr im Verzug ist die Anhörung nachzuholen.

§ 26 Besondere Formen des Datenabgleichs

(1) Die Polizeibehörden können von öffentlichen Stellen oder nichtöffentlichen Stellen zur Abwehr einer Gefahr für den Bestand oder die Sicherheit des Bundes oder eines Landes oder Leib, Leben oder Freiheit einer Person oder Sachen von bedeutendem Wert, deren Erhaltung im öffentlichen Interesse geboten ist, oder wenn gleichgewichtige Schäden für die Umwelt zu erwarten sind, die Übermittlung von personenbezogenen Daten bestimmter Personengruppen zum Zwecke des automatisierten Abgleichs mit anderen Datenbeständen verlangen, wenn dies zur Abwehr der Gefahr erforderlich ist. Eine solche Gefahr liegt in der Regel auch dann vor, wenn konkrete Vorbereitungshandlungen die Annahme rechtfertigen, dass terroristische Straftaten begangen werden sollen. Rechtsvorschriften über ein Berufs- oder besonderes Amtsgeheimnis bleiben unberührt.

(2) Das Übermittlungsersuchen ist auf Namen, Anschriften, Tag und Ort der Geburt sowie auf im einzelnen Falle festzulegende Merkmale zu beschränken. Werden wegen technischer Schwierigkeiten, die mit angemessenem Zeit- oder Kostenaufwand nicht beseitigt werden können, weitere Daten übermittelt, dürfen diese nicht verwertet werden.

(3) Ist der Zweck der Maßnahme erreicht oder zeigt sich, dass er nicht erreicht werden kann, sind die übermittelten und im Zusammenhang mit der Maßnahme zusätzlich angefallenen Daten auf dem Datenträger zu löschen und die Unterlagen, soweit sie nicht für ein mit dem Sachverhalt zusammenhängendes Verfahren erforderlich sind, unverzüglich zu vernichten. Die getroffenen Maßnahmen sind zu dokumentieren. Diese Dokumentation ist gesondert aufzubewahren und durch technische und organisatorische Maßnahmen zu sichern. Sie ist sechs Monate nach der Benachrichtigung nach § 29 Abs. 5 oder nach dem endgültigen Zurückstellen der Benachrichtigung nach § 29 Abs. 6 zu löschen; ist die Datenschutzkontrolle nach § 29a noch nicht beendet, ist die Dokumentation bis zu deren Abschluss aufzubewahren.

(4) Die Maßnahme darf nur aufgrund richterlicher Anordnung auf Antrag der Behördenleitung getroffen werden. Zuständig ist das Amtsgericht, in dessen Bezirk die Polizeibehörde ihren Sitz hat. Für das Verfahren gelten die Vorschriften des Gesetzes über das Verfahren in Familiensachen und in den Angelegenheiten der freiwilligen Gerichtsbarkeit vom 17. Dezember 2008 (BGBl. I S. 2586, 2587), zuletzt geändert durch Gesetz vom 20. Juli 2017 (BGBl. I S. 2780), entsprechend. Die oder der Hessische Datenschutzbeauftragte ist durch die Polizeibehörde unverzüglich über die Anordnung zu unterrichten.

(5) *weggefallen*

§ 27 Berichtigung, Löschung und Einschränkung der Verarbeitung von Daten zu den in § 40 des Hessischen Datenschutz- und Informationsfreiheitsgesetzes genannten Zwecken, Verwertungsverbot

(1) Personenbezogene Daten und die dazugehörigen Unterlagen sind nach Maßgabe der §§ 53 und 70 des Hessischen Datenschutz- und Informationsfreiheitsgesetzes zu berichtigen, zu löschen oder in der Verarbeitung einzuschränken, soweit sie zu den in § 40 des Hessischen Datenschutz- und Informationsfreiheitsgesetzes genannten Zwecken verarbeitet wurden und in Abs. 2 bis 6 keine besonderen Regelungen getroffen sind.

(2) Ergänzend zu § 53 Abs. 2 und § 70 Abs. 2 des Hessischen Datenschutz- und Informationsfreiheitsgesetzes sind personenbezogene Daten unverzüglich zu löschen und die dazugehörigen Unterlagen unverzüglich zu vernichten, wenn

1. bei der nach bestimmten Fristen vorzunehmenden Überprüfung oder aus Anlass einer Einzelfallbearbeitung festgestellt wird, dass ihre Kenntnis für die speichernde Stelle zur Erfüllung der in ihrer Zuständigkeit liegenden Aufgaben nicht mehr erforderlich ist, oder
2. die durch eine verdeckte Datenerhebung gewonnenen Daten für den der Anordnung zugrunde liegenden Zweck, zur Strafverfolgung oder zur Strafvollstreckung oder für eine etwaige gerichtliche Kontrolle nicht mehr erforderlich sind, soweit keine zulässige Weiterverarbeitung erfolgt; die Löschung bedarf der Zustimmung der Staatsanwaltschaft, wenn die Daten zur Strafverfolgung oder Strafvollstreckung verarbeitet worden sind.

Im Fall des Satz 1 Nr. 2 gilt, dass anstatt die personenbezogenen Daten zu löschen und die dazugehörigen Unterlagen zu vernichten die Einschränkung der Verarbeitung erfolgt, wenn die betroffene Person über eine verdeckte Datenerhebung noch nicht unterrichtet worden ist, es sei denn, dass die Datenerhebung den Kernbereich privater Lebensgestaltung betroffen hat. Die Daten nach Satz 2 dürfen nur verwendet werden für die Zwecke der Benachrichtigung der betroffenen Person und um eine Prüfung zu ermöglichen, ob die Maßnahme rechtmäßig durchgeführt worden ist.

(3) Wird festgestellt, dass personenbezogene Daten in Akten unrichtig sind, ist die in § 53 Abs. 1, § 70 Abs. 1 des Hessischen Datenschutz- und Informationsfreiheitsgesetzes genannte Berichtigungspflicht dadurch zu erfüllen, dass dies in der Akte vermerkt oder auf sonstige Weise festgehalten wird. Bestreitet die betroffene Person die Richtigkeit sie betreffender personenbezogener Daten und lässt sich weder die Richtigkeit noch die Unrichtigkeit feststellen, sind die Daten entsprechend zu kennzeichnen, um eine Einschränkung der Verarbeitung nach § 53 Abs. 1 Satz 3 des Hessischen Datenschutz- und Informationsfreiheitsgesetzes zu ermöglichen. Die Verarbeitung personenbezogener Daten in Akten ist einzuschränken, wenn die Verarbeitung nach Abs. 2 Satz 1 Nr. 1, § 53 Abs. 2 oder § 70 Abs. 2 des Hessischen Datenschutz- und Informationsfreiheitsgesetzes zu löschen sind. Die Einschränkung der Verarbeitung personenbezogener Daten in Akten nach Satz 3 sowie § 53 Abs. 3 Satz 1 und § 70 Abs. 3 Satz 1 des Hessischen Datenschutz- und Informationsfreiheitsgesetzes ist durch Anbringung eines entsprechenden Vermerks vorzunehmen. Die Akten sind spätestens zu vernichten, wenn die gesamte Akte zur Erfüllung der in der Zuständigkeit der speichernden Stelle liegenden Aufgaben nicht mehr erforderlich ist. Personenbezogene Daten in Akten über eine verdeckte Datenerhebung sind nach Maßgabe des Abs. 2 Satz 1 Nr. 2 zu vernichten. Im Übrigen gilt Abs. 2 entsprechend.

(4) Die Ministerin oder der Minister des Innern wird ermächtigt, durch Rechtsverordnung die Fristen, nach deren Ablauf zu prüfen ist, ob die weitere Speicherung der Daten zur Aufgabenerfüllung erforderlich ist und gegebenenfalls nach deren Ablauf eine Löschung vorzusehen ist, zu bestimmen. Bei Daten, die nach § 20 Abs. 6 gespeichert sind, dürfen die Fristen für die Prüfung

1. bei Erwachsenen zehn Jahre,
2. bei Jugendlichen fünf Jahre und
3. bei Kindern zwei Jahre

nicht überschreiten, wobei nach Art und Zweck der Speicherung sowie Art und Bedeutung des Anlasses zu unterscheiden ist. Die Frist beginnt regelmäßig mit dem letzten Anlass der Speicherung, jedoch nicht vor Entlassung der betroffenen Person aus einer Justizvollzugsanstalt oder Beendigung einer mit Freiheitsentzug verbundenen Maßregel der Besserung und Sicherung. Werden innerhalb der Frist nach Satz 2 und 3 weitere personenbezogene Daten über dieselbe Person gespeichert, gilt für alle Speicherungen gemeinsam die Frist, die als letzte abläuft. Bei Daten, die nach § 20 Abs. 7 über die in § 13 Abs. 2 Nr. 2 bis 5 genannten Personen gespeichert sind, dürfen die Fristen für die Prüfung drei Jahre nicht überschreiten; die Entscheidung, dass eine weitere Speicherung erforderlich ist, trifft die Behördenleitung oder eine von dieser beauftragte Bedienstete oder ein von dieser beauftragter Bediensteter.

(5) Bei Daten aus dem Kernbereich privater Lebensgestaltung sowie im Falle der Unzulässigkeit der Speicherung und in sonstigen Fällen des Abs. 2 Satz 1 besteht ein Verwertungsverbot; § 53 Abs. 3 des Hessischen Datenschutz- und Informationsfreiheitsgesetzes findet insoweit keine Anwendung. Aufzeichnungen hierüber sind unverzüglich zu löschen. Die Tatsachen der Erfassung der Daten und der Löschung im Fall der Unzulässigkeit der Speicherung, einschließlich der Daten aus dem Kernbereich privater Lebensgestaltung, sind zu dokumentieren. Im Fall des Abs. 2 Satz 1 Nr. 2 ist die Tatsache der Löschung zu dokumentieren. Die Dokumentation darf ausschließlich für Zwecke der Datenschutzkontrolle verwendet werden. Sie ist sechs Monate nach der Benachrichtigung nach § 29 Abs. 5 oder nach dem endgültigen Zurückstellen der Benachrichtigung nach § 29 Abs. 6 zu löschen; ist die Datenschutzkontrolle nach § 29a noch nicht beendet, ist die Dokumentation bis zu ihrem Abschluss aufzubewahren. Satz 1 bis 6 gelten für personenbezogene Daten in Akten entsprechend.

(6) Anstelle der Löschung und Vernichtung nach Abs. 2 Satz 1 Nr. 1 oder Abs. 3 Satz 5 können die Datenträger an ein öffentliches Archiv abgegeben werden, soweit besondere archivrechtliche Regelungen dies vorsehen.

§ 27a Berichtigung, Löschung und Einschränkung der Verarbeitung von Daten zu anderen als den in § 40 des Hessischen Datenschutz- und Informationsfreiheitsgesetzes genannten Zwecken, Verwertungsverbot

(1) Ergänzend zu Art. 18 Abs. 1 Buchst. a der Verordnung (EU) Nr. 2016/679 gilt für Datenverarbeitungen zu Zwecken außerhalb des § 40 des Hessischen Datenschutz- und Informationsfreiheitsgesetzes, dass insbesondere im Fall von Aussagen oder Bewertungen die Frage der Richtigkeit nicht den Inhalt der Aussage oder der Bewertung betrifft. Wenn die Richtigkeit oder Unrichtigkeit der Daten nicht festgestellt werden kann, tritt an die Stelle der Berichtigung nach Art. 16 der Verordnung (EU) Nr. 2016/679 eine Einschränkung der Verarbeitung nach Art. 18 der Verordnung (EU) Nr. 2016/679. Die oder der Verantwortliche hat die betroffene Person, die ihr Recht auf Berichtigung geltend gemacht hat, über die an die Stelle der Berichtigung tretende Einschränkung der Verarbeitung schriftlich zu unterrichten. Satz 3 gilt nicht, soweit bereits die Erteilung dieser Information eine Gefährdung im Sinne des § 32 Abs. 1 des Hessischen Datenschutz- und Informationsfreiheitsgesetzes mit sich bringen würde. Die Unterrichtung nach Satz 3 ist zu begründen, es sei denn, dass die Mitteilung der Gründe den mit dem Absehen von der Unterrichtung verfolgten Zweck gefährden würde. § 33 Abs. 3 des Hessischen Datenschutz- und Informationsfreiheitsgesetzes

gilt entsprechend. Die oder der Verantwortliche hat die sachlichen oder rechtlichen Gründe für die Entscheidung zu dokumentieren.

(2) Wird festgestellt, dass personenbezogene Daten in Akten unrichtig sind, ist die in Art. 16 der Verordnung (EU) Nr. 2016/679 genannte Berichtigungspflicht dadurch zu erfüllen, dass dies in der Akte vermerkt oder auf sonstige Weise festgehalten wird. Bestreitet die betroffene Person die Richtigkeit sie betreffender personenbezogener Daten und lässt sich weder die Richtigkeit noch die Unrichtigkeit feststellen, sind die Daten entsprechend zu kennzeichnen, um eine Verarbeitungseinschränkung nach Abs. 1 Satz 2 zu ermöglichen.

(3) Ergänzend zu Art. 17 Abs. 1 der Verordnung (EU) Nr. 2016/679 gilt § 27 Abs. 2 Satz 1 und Abs. 5 im Fall der Löschung und Vernichtung personenbezogener Daten zu Zwecken außerhalb des § 40 des Hessischen Datenschutz- und Informationsfreiheitsgesetzes entsprechend. Bei personenbezogenen Daten in Akten gilt § 27 Abs. 3 Satz 3 bis 6 entsprechend; an die Stelle der Löschung nach Art. 17 Abs. 1 der Verordnung (EU) Nr. 2016/679 tritt die Einschränkung der Verarbeitung nach Art. 18 der Verordnung (EU) Nr. 2016/679.

(4) Abweichend von § 34 Abs. 1 und 2 des Hessischen Datenschutz- und Informationsfreiheitsgesetzes gilt für die Verarbeitung personenbezogener Daten zu Zwecken außerhalb des § 40 des Hessischen Datenschutz- und Informationsfreiheitsgesetzes das Recht der betroffenen Person auf und die Pflicht der oder des Verantwortlichen zur Löschung personenbezogener Daten und zur Vernichtung der dazugehörigen Unterlagen nach Art. 17 Abs. 1 der Verordnung (EU) Nr. 2016/679 ergänzend zu Art. 17 Abs. 3 der Verordnung (EU) Nr. 2016/679 nicht, wenn

1. Grund zu der Annahme besteht, dass eine Löschung schutzwürdige Interessen einer betroffenen Person beeinträchtigen würde,
2. die Daten zu Beweiszwecken weiter aufbewahrt werden müssen,
3. eine Löschung wegen der besonderen Art der Speicherung nicht oder nur mit unverhältnismäßig hohem Aufwand möglich ist oder
4. im Fall des § 27 Abs. 2 Satz 1 Nr. 2 die betroffene Person über eine verdeckte Datenerhebung noch nicht unterrichtet worden ist, es sei denn, dass die Datenerhebung den Kernbereich privater Lebensgestaltung betroffen hat.

In den Fällen des Satz 1 tritt an die Stelle einer Löschung oder Vernichtung die Einschränkung der Verarbeitung nach Art. 18 der Verordnung (EU) Nr. 2016/679. Bei personenbezogenen Daten in Akten gilt Satz 2 mit der Maßgabe, dass anstelle der Vernichtung die Verarbeitung personenbezogener Daten in Akten durch Anbringung eines entsprechenden Vermerks einzuschränken ist. In ihrer Verarbeitung nach Satz 1 Nr. 1 bis 3 eingeschränkte Daten dürfen nur zu dem Zweck, der ihrer Löschung entgegenstand, oder sonst mit Einwilligung der betroffenen Person verwendet werden. In ihrer Verarbeitung nach Satz 1 Nr. 4 eingeschränkte Daten dürfen nur verwendet werden für die Zwecke der Benachrichtigung der betroffenen Person und um eine Prüfung zu ermöglichen, ob die Maßnahme rechtmäßig durchgeführt worden ist.

(5) Die oder der Verantwortliche hat die betroffene Person über die Einschränkung der Verarbeitung nach Abs. 4 Satz 1 Nr. 1 bis 3 schriftlich zu unterrichten. Dies gilt nicht, soweit bereits die Erteilung dieser Information eine Gefährdung im Sinne des § 32 Abs. 1 des Hessischen Datenschutz- und Informationsfreiheitsgesetzes mit sich bringen würde. Die Unterrichtung nach Satz 1 ist zu begründen, es sei denn, dass die Mitteilung der Gründe den mit dem Absehen von der Unterrichtung verfolgten Zweck gefährden würde. § 33 Abs. 3 des Hessischen Datenschutz- und Informationsfreiheitsgesetzes gilt entsprechend. Die oder der Verantwortliche hat die sachlichen oder rechtlichen Gründe für die Entscheidung zu dokumentieren.

(6) Ergänzend zu Art. 17 und 18 der Verordnung (EU) Nr. 2016/679 gelten § 53 Abs. 4 und § 70 Abs. 4 des Hessischen Datenschutz- und Informationsfreiheitsgesetzes und § 27 Abs. 4 und 6 entsprechend.

§ 28 Protokollierung bei verdeckten und eingriffsintensiven Maßnahmen, Verwendungsbeschränkung

(1) Bei der Erhebung von Daten nach den §§ 15, 15a Abs. 1, 2 Satz 1, Abs. 2a Satz 1 und 2, Abs. 3 sowie den §§ 15b, 15c, 16, 17 und 26 sind zu protokollieren:

1. das zur Datenerhebung eingesetzte Mittel,
2. der Zeitraum des Einsatzes,
3. die Angaben, die die Feststellung der erhobenen Daten ermöglichen, sowie
4. die Organisationseinheit, die die Maßnahme durchführt.

(2) Zu protokollieren sind je nach Durchführung der konkreten Maßnahme auch bei

1. Maßnahmen nach § 15 Abs. 2 und 6, bei denen Vorgänge außerhalb von Wohnungen erfasst wurden, die Zielperson und die erheblich mitbetroffenen Personen,
2. Maßnahmen nach § 15 Abs. 4 die Person, gegen die sich die Maßnahme richtete, sonstige überwachte Personen und die Personen, die die überwachte Wohnung zur Zeit der Durchführung der Maßnahme innehatten oder bewohnten,
3. Maßnahmen nach § 15 Abs. 6, bei denen Vorgänge innerhalb von Wohnungen erfasst wurden, und nach § 16 die Zielperson, die erheblich mitbetroffenen Personen und die Personen, deren nicht allgemein zugängliche Wohnung betreten wurde,

4. Maßnahmen nach § 15a Abs. 1, 2 Satz 1, Abs. 2a Satz 1 und 2 sowie Abs. 3 die Beteiligten der überwachten und betroffenen Telekommunikation, die Nutzerin oder der Nutzer sowie die Zielperson,
5. Maßnahmen nach § 15b die Beteiligten der überwachten Telekommunikation und die Angaben zur Identifizierung des informationstechnischen Systems und die daran vorgenommenen nicht nur flüchtigen Veränderungen,
6. Maßnahmen nach § 15c die Zielperson, die mitbetroffenen Personen und die Angaben zur Identifizierung des informationstechnischen Systems und die daran vorgenommenen nicht nur flüchtigen Veränderungen,
7. Maßnahmen nach § 17 die Zielperson und die Personen, deren personenbezogene Daten gemeldet worden sind,
8. Maßnahmen nach § 26 die im Übermittlungsersuchen nach § 26 Abs. 2 enthaltenen Merkmale und die betroffenen Personen, gegen die nach Auswertung der Daten weitere Maßnahmen getroffen wurden.

(3) Nachforschungen zur Feststellung der Identität einer in Abs. 2 bezeichneten Person sind nur vorzunehmen, wenn dies unter Berücksichtigung der Eingriffsintensität der Maßnahme gegenüber dieser Person, des Aufwands für die Feststellung ihrer Identität sowie der daraus für diese oder andere Personen folgenden Beeinträchtigungen geboten ist. Die Zahl der Personen, deren Protokollierung unterblieben ist, ist im Protokoll anzugeben.

(4) Die Protokolldaten dürfen nur verwendet werden für die Zwecke der Benachrichtigung und um eine Prüfung zu ermöglichen, ob die Maßnahme rechtmäßig durchgeführt worden ist. Sie sind bis zum Ablauf der Datenschutzkontrolle nach § 29a aufzubewahren und sodann automatisiert zu löschen, es sei denn, dass sie für den in Satz 1 genannten Zweck noch erforderlich sind.

§ 29 Information, Benachrichtigung, Auskunft

(1) Die Betroffenen erhalten Information, Benachrichtigung oder Auskunft hinsichtlich der zu ihrer Person verarbeiteten Daten nach Maßgabe der §§ 50 bis 52 des Hessischen Datenschutz- und Informationsfreiheitsgesetzes, soweit die Datenverarbeitung zu den in § 40 des Hessischen Datenschutz- und Informationsfreiheitsgesetzes genannten Zwecken erfolgt, und im Übrigen nach Maßgabe der §§ 31 bis 33 des Hessischen Datenschutz- und Informationsfreiheitsgesetzes und der Art. 13 bis 15 der Verordnung (EU) Nr. 2016/679, soweit in den Abs. 2 bis 7 nichts Abweichendes geregelt ist.

(2) Abweichend von § 31 Abs. 1 des Hessischen Datenschutz- und Informationsfreiheitsgesetzes kann die oder der Verantwortliche die Information der betroffenen Person nach Art. 13 Abs. 1 bis 3 der Verordnung

(EU) Nr. 2016/679 bei der Verarbeitung personenbezogener Daten zu Zwecken außerhalb des § 40 des Hessischen Datenschutz- und Informationsfreiheitsgesetzes insoweit und solange aufschieben, einschränken oder unterlassen, wie andernfalls die Erteilung der Information die Voraussetzungen des § 31 Abs. 1 des Hessischen Datenschutz- und Informationsfreiheitsgesetzes erfüllt. § 31 Abs. 3 des Hessischen Datenschutz- und Informationsfreiheitsgesetzes findet insoweit keine Anwendung. Abweichend von § 32 Abs. 1 des Hessischen Datenschutz- und Informationsfreiheitsgesetzes kann die oder der Verantwortliche die Information nach Art. 14 Abs. 1, 2 und 4 der Verordnung (EU) Nr. 2016/679 insoweit und solange aufschieben, einschränken oder unterlassen, wie andernfalls die Erteilung der Information die Voraussetzungen des § 32 Abs. 1 des Hessischen Datenschutz- und Informationsfreiheitsgesetzes erfüllt. Im Fall der Einschränkung gilt § 33 Abs. 3 des Hessischen Datenschutz- und Informationsfreiheitsgesetzes entsprechend.

(3) Ergänzend zu § 33 Abs. 1 des Hessischen Datenschutz- und Informationsfreiheitsgesetzes kann bei Datenverarbeitungen zu Zwecken außerhalb des § 40 des Hessischen Datenschutz- und Informationsfreiheitsgesetzes die Auskunftserteilung über die personenbezogenen Daten, die Gegenstand der Verarbeitung sind, und zu Informationen nach Art. 15 Abs. 1 Buchst. a bis h der Verordnung (EU) Nr. 2016/679 auch teilweise oder vollständig eingeschränkt werden. § 33 Abs. 2 des Hessischen Datenschutz- und Informationsfreiheitsgesetzes findet insoweit keine Anwendung. Die oder der Verantwortliche hat die betroffene Person über das Absehen von oder die Einschränkung einer Auskunft unverzüglich schriftlich zu unterrichten. Dies gilt nicht, soweit bereits die Erteilung dieser Informationen eine Gefährdung im Sinne des § 32 Abs. 1 des Hessischen Datenschutz- und Informationsfreiheitsgesetzes mit sich bringen würde. Die Unterrichtung nach Satz 3 ist zu begründen, es sei denn, dass die Mitteilung der Gründe den mit dem Absehen von oder der Einschränkung der Auskunft verfolgten Zweck gefährden würde. Die oder der Verantwortliche hat die sachlichen und rechtlichen Gründe für die Entscheidung zu dokumentieren. § 33 Abs. 3 des Hessischen Datenschutz- und Informationsfreiheitsgesetzes gilt ergänzend auch bei der Einschränkung der Auskunft.

(4) Werden personenbezogene Daten von Kindern, die ohne Kenntnis der Sorgeberechtigten erhoben worden sind, gespeichert, sind die Sorgeberechtigten zu benachrichtigen, sobald die Aufgabenerfüllung dadurch nicht mehr erheblich gefährdet wird. Von der Unterrichtung kann abgesehen werden, solange zu besorgen ist, dass sie zu erheblichen Nachteilen für das Kind führt.

(5) Wurden personenbezogene Daten durch Maßnahmen nach § 28 Abs. 2 erlangt, sind die dort jeweils bezeichneten betroffenen Personen hierüber nach Abschluss der Maßnahme zu benachrichtigen. Nachfor-

schungen zur Feststellung der Identität oder zur Anschrift einer zu benachrichtigenden Person sind nur vorzunehmen, wenn dies unter Berücksichtigung der Eingriffsintensität der Maßnahme gegenüber dieser Person, des Aufwands für die Feststellung ihrer Identität sowie der daraus für diese oder andere Personen folgenden Beeinträchtigungen geboten ist.

(6) Eine Benachrichtigung nach Abs. 5 ist zurückzustellen, solange sie

1. den Zweck der Maßnahme,
2. ein sich an den auslösenden Sachverhalt anschließendes strafrechtliches Ermittlungsverfahren,
3. den Bestand des Staates,
4. Leib, Leben oder Freiheit einer Person oder
5. Sachen von bedeutendem Wert, deren Erhaltung im öffentlichen Interesse geboten ist,

gefährden würde. Im Falle des Einsatzes einer V-Person oder VE-Person erfolgt die Benachrichtigung erst, sobald dies auch ohne Gefährdung der Möglichkeit der weiteren Verwendung der V-Person oder VE-Person möglich ist. Die Entscheidung über das Zurückstellen einer Benachrichtigung trifft die Behördenleitung oder eine von dieser beauftragte Bedienstete oder ein von dieser beauftragter Bediensteter. Wird die Benachrichtigung aus einem der vorgenannten Gründe zurückgestellt, ist dies zu dokumentieren. Über die Zurückstellung der Benachrichtigung ist die oder der Hessische Datenschutzbeauftragte spätestens sechs Monate nach Abschluss der Maßnahme und danach in halbjährlichen Abständen in Kenntnis zu setzen.

(7) Eine Benachrichtigung nach Abs. 5 unterbleibt, soweit dies im überwiegenden Interesse einer betroffenen Person liegt. Zudem kann die Benachrichtigung einer in § 28 Abs. 2 Nr. 4 und 5 bezeichneten Person, gegen die sich die Maßnahme nicht gerichtet hat, unterbleiben, wenn diese von der Maßnahme nur unerheblich betroffen ist und anzunehmen ist, dass sie kein Interesse an der Benachrichtigung hat. Die Entscheidung über das Unterbleiben einer Benachrichtung trifft die Behördenleitung oder eine von dieser beauftragte Bedienstete oder ein von dieser beauftragter Bediensteter.

(8) Sind die personenbezogenen Daten in ein anhängiges Strafverfahren eingeführt, so ist vor Erteilung der Auskunft an die betroffene Person oder vor der Benachrichtigung der betroffenen Person die Zustimmung der Staatsanwaltschaft herbeizuführen.

§ 29a Datenschutzkontrolle

Die oder der Hessische Datenschutzbeauftragte führt unbeschadet ihrer oder seiner sonstigen Aufgaben und Kontrollen mindestens alle zwei

Jahre zumindest stichprobenartig Kontrollen bezüglich der Datenverarbeitung bei nach § 28 Abs. 2 zu protokollierenden Maßnahmen und von Übermittlungen nach § 23 durch.

§ 30 Vorladung

(1) Die Gefahrenabwehr- und die Polizeibehörden können eine Person schriftlich oder mündlich vorladen, wenn Tatsachen die Annahme rechtfertigen, dass die Person sachdienliche Angaben machen kann, die für die Erfüllung einer bestimmten gefahrenabwehrbehördlichen oder polizeilichen Aufgabe erforderlich sind. Die Polizeibehörden können eine Person ferner schriftlich oder mündlich vorladen, wenn dies zur Durchführung erkennungsdienstlicher Maßnahmen erforderlich ist.

(2) Bei der Vorladung soll deren Grund angegeben werden. Bei der Festsetzung des Zeitpunkts soll auf den Beruf und die sonstigen Lebensverhältnisse der betroffenen Person Rücksicht genommen werden.

(3) Leistet eine betroffene Person der Vorladung ohne hinreichenden Grund keine Folge, so kann sie zwangsweise durchgesetzt werden,

1. wenn die Angaben der betroffenen Person zur Abwehr einer Gefahr für Leib, Leben oder Freiheit einer Person erforderlich sind oder
2. zur Durchführung erkennungsdienstlicher Maßnahmen.

(4) Die zwangsweise Vorführung bedarf außer bei Gefahr im Verzug der richterlichen Anordnung. Für das Verfahren gilt § 33 Abs. 2 mit der Maßgabe, dass das Amtsgericht zuständig ist, in dessen Bezirk die Gefahrenabwehr- oder die Polizeibehörde ihren Sitz hat.

(5) *weggefallen*

§ 30a Meldeauflagen

Die Polizeibehörden können zur Verhütung von Straftaten eine Person anweisen, sich an bestimmten Tagen bis zu zweimal zu bestimmten Zeiten bei einer bestimmten polizeilichen Dienststelle zu melden (Meldeauflage), wenn Tatsachen die Annahme rechtfertigen, dass sie eine Straftat begehen wird. Die Meldung hat bei der Polizeistation oder bei dem Polizeirevier des gewöhnlichen Aufenthaltsortes zu erfolgen; mit Einverständnis der betroffenen Person kann auch eine andere Dienststelle einer Polizeibehörde des Bundes oder der Länder bestimmt werden. Sofern die Meldeauflage im Zusammenhang mit einer Veranstaltung erfolgt, ist sie auf diese oder eine zusammenhängende Serie von Veranstaltungen zu beschränken. Die Meldeauflage ist auf höchstens drei Monate zu befristen. Eine Verlängerung um jeweils bis zu drei Monate ist möglich, soweit die Voraussetzungen der Meldeauflage fortbestehen. Die Verlängerung der Maßnahme bedarf außer bei Gefahr im Verzug der richterlichen Anordnung. Bei Gefahr im Verzug ist die richterliche

Anordnung unverzüglich nachzuholen. Liegen die Voraussetzungen der Maßnahme nicht mehr vor, ist sie unverzüglich zu beenden. Zuständig ist das Amtsgericht, in dessen Bezirk die Polizeibehörde ihren Sitz hat. Für das Verfahren gelten die Vorschriften des Gesetzes über das Verfahren in Familiensachen und in den Angelegenheiten der freiwilligen Gerichtsbarkeit entsprechend.

§ 31 Platzverweisung, Aufenthaltsverbot, Kontaktverbot

(1) Die Gefahrenabwehr- und die Polizeibehörden können zur Abwehr einer Gefahr eine Person vorübergehend von einem Ort verweisen oder ihr vorübergehend das Betreten eines Ortes verbieten. Die Platzverweisung kann ferner gegen eine Person angeordnet werden, die den Einsatz der Feuerwehr oder andere Hilfs- oder Rettungsmaßnahmen behindert.

(2) Die Gefahrenabwehr- und die Polizeibehörden können eine Person bis zu einer richterlichen Entscheidung über zivilrechtliche Schutzmöglichkeiten ihrer Wohnung und des unmittelbar angrenzenden Bereichs verweisen, wenn dies erforderlich ist, um eine von ihr ausgehende gegenwärtige Gefahr für Leib, Leben oder Freiheit von Bewohnern derselben Wohnung abzuwehren. Unter den gleichen Voraussetzungen kann ein Betretungsverbot angeordnet und der Kontakt mit bestimmten Personen oder Personen einer bestimmten Gruppe untersagt werden. Eine Maßnahme nach Satz 1 oder 2 darf die Dauer von vierzehn Tagen nicht überschreiten. Die Maßnahme kann um weitere vierzehn Tage verlängert werden, wenn bis zu diesem Zeitpunkt eine wirksame richterliche Entscheidung über den zivilrechtlichen Schutz nicht getroffen worden ist. Das Gericht hat der zuständigen Gefahrenabwehrbehörde oder der Polizeibehörde die Beantragung des zivilrechtlichen Schutzes sowie den Tag und den Inhalt der gerichtlichen Entscheidung unverzüglich mitzuteilen.

(3) Rechtfertigen Tatsachen die Annahme, dass eine Person in einem bestimmten örtlichen Bereich innerhalb einer Gemeinde eine Straftat begehen wird, so können die Gefahrenabwehr- und die Polizeibehörde ihr für eine bestimmte Zeit verbieten, diesen Bereich zu betreten oder sich dort aufzuhalten, es sei denn, sie hat dort ihre Wohnung oder sie ist aus einem vergleichbar wichtigen Grund auf das Betreten des Bereichs angewiesen (Aufenthaltsverbot). Unter den Voraussetzungen des Satz 1 können die Polizeibehörden einer Person auch den Kontakt mit bestimmten Personen oder Personen einer bestimmten Gruppe untersagen. Ein Verbot nach Satz 1 oder 2 ist zeitlich und örtlich auf den zur Verhütung der Straftat erforderlichen Umfang zu beschränken. Es darf die Dauer von drei Monaten nicht überschreiten. § 31a sowie die Vorschriften des Versammlungsrechts bleiben unberührt.

§ 31a Elektronische Aufenthaltsüberwachung, Aufenthaltsvorgabe und Kontaktverbot zur Verhütung terroristischer Straftaten

(1) Die Polizeibehörden können zur Verhütung von terroristischen Straftaten eine Person dazu verpflichten, ein technisches Mittel, mit dem der Aufenthaltsort dieser Person elektronisch überwacht werden kann, ständig in betriebsbereitem Zustand am Körper bei sich zu führen und dessen Funktionsfähigkeit nicht zu beeinträchtigen, wenn

1. bestimmte Tatsachen die Annahme rechtfertigen, dass diese Person innerhalb eines übersehbaren Zeitraums auf eine zumindest ihrer Art nach konkretisierte Weise eine Straftat im oben genannten Sinn begehen wird, oder
2. deren individuelles Verhalten eine konkrete Wahrscheinlichkeit dafür begründet, dass sie innerhalb eines übersehbaren Zeitraums eine Straftat im oben genannten Sinn begehen wird,

um diese Person durch die Überwachung und die Datenverarbeitung von der Begehung dieser Straftaten abzuhalten.

(2) Die Polizeibehörden können der Person, deren Aufenthaltsort nach Abs. 1 elektronisch überwacht werden darf, aufgeben,

1. einen bestimmten Bereich nicht ohne Erlaubnis der Polizeibehörde zu verlassen,
2. sich nicht an bestimmten Orten aufzuhalten, die ihr Gelegenheit oder Anreiz zu Straftaten bieten können,
3. den Kontakt mit bestimmten Personen oder Personen einer bestimmten Gruppe zu unterlassen.

Die Maßnahmen nach Satz 1 sind zeitlich und örtlich auf den zur Verhütung der Straftat erforderlichen Umfang zu beschränken und sind auf höchstens drei Monate zu befristen. Eine Verlängerung um jeweils bis zu drei Monate ist möglich, soweit die Voraussetzungen der Maßnahme fortbestehen. Die Vorschriften des Versammlungsrechts bleiben unberührt.

(3) Die Maßnahme nach Abs. 1 und die Verlängerung der Maßnahmen nach Abs. 2 dürfen nur aufgrund richterlicher Anordnung auf Antrag der Behördenleitung getroffen werden. Bei Gefahr im Verzug kann die Anordnung nach Satz 1 durch eine von der Behördenleitung beauftragte Person getroffen werden. In diesem Fall ist die richterliche Anordnung unverzüglich nachzuholen. Die Anordnung ist auf höchstens drei Monate zu befristen. Eine Verlängerung um jeweils bis zu drei Monate ist möglich, soweit die Anordnungsvoraussetzungen fortbestehen. Liegen die Voraussetzungen nicht mehr vor, ist die Maßnahme unverzüglich zu beenden. Zuständig ist das Amtsgericht, in dessen Bezirk die Polizeibehörde ihren Sitz hat. Für das Verfahren gelten die Vorschriften des Gesetzes über das Verfahren in Familiensachen und in den Angelegenheiten der freiwilligen Gerichtsbarkeit entsprechend.

(4) Die Anordnung nach Abs. 3 ergeht schriftlich. In ihr sind anzugeben

1. die Person, gegen die sich die Maßnahme richtet mit Name und Anschrift,
2. Art, Umfang und Dauer der Maßnahme,
3. im Falle der Aufenthaltsvorgabe nach Abs. 2 Satz 1 Nr. 1 oder 2 die Bezeichnung der Orte, von denen sich die Person ohne Erlaubnis der Polizeibehörde nicht entfernen oder an denen sich die Person ohne Erlaubnis der Polizeibehörde nicht aufhalten darf,
4. im Falle des Kontaktverbots nach Abs. 2 Satz 1 Nr. 3 die Personen oder die Gruppe, mit denen oder mit der der betroffenen Person der Kontakt untersagt ist, soweit möglich, mit Name und Anschrift,
5. die wesentlichen Gründe.

(5) Die Polizeibehörden können mithilfe der von der betroffenen Person mitgeführten technischen Mittel automatisiert Daten über deren Aufenthaltsort sowie über etwaige Beeinträchtigungen der Datenerhebung verarbeiten. Durch Rechtsverordnung der Ministerin oder des Ministers des Innern und für Sport kann bestimmt werden, dass eine andere öffentliche Stelle als die Polizeibehörde die in Satz 1 genannten Daten verarbeitet. Soweit es technisch möglich ist, ist sicherzustellen, dass innerhalb der Wohnung der Person keine über den Umstand ihrer Anwesenheit hinausgehenden Aufenthaltsdaten erhoben werden. Die Daten dürfen ohne Einwilligung der betroffenen Person nur verarbeitet werden, soweit dies erforderlich ist für folgende Zwecke:

1. zur Verhütung zu erwartender Straftaten sowie zur Verfolgung von Straftaten im Sinne des Abs. 1,
2. zur Feststellung von Verstößen gegen Maßnahmen nach Abs. 2,
3. zur Abwehr einer erheblichen gegenwärtigen Gefahr für Leib, Leben oder Freiheit einer dritten Person oder
4. zur Aufrechterhaltung der Funktionsfähigkeit der technischen Mittel.

Zur Einhaltung der Zweckbindung nach Satz 4 hat die Verarbeitung der Daten automatisiert zu erfolgen und es sind die Daten gegen unbefugte Kenntnisnahme besonders zu sichern. Die in Satz 1 genannten Daten sind spätestens zwei Monate nach ihrer Erhebung zu löschen, soweit sie nicht für die in Satz 4 genannten Zwecke verarbeitet werden. Jeder Abruf der Daten ist zu protokollieren. Die Protokolldaten sind nach zwölf Monaten zu löschen. Werden innerhalb der Wohnung der betroffenen Person über den Umstand ihrer Anwesenheit hinausgehende Aufenthaltsdaten erhoben, dürfen diese nicht verwendet werden und sind unverzüglich nach Kenntnisnahme zu löschen. Die Tatsache ihrer Kenntnisnahme und Löschung ist zu dokumentieren. Die Dokumentation darf ausschließlich für Zwecke der Datenschutzkontrolle verwendet werden. Sie ist nach Abschluss der Datenschutzkontrolle zu löschen.

§ 32 Gewahrsam

(1) Die Polizeibehörden können eine Person in Gewahrsam nehmen, wenn dies

1. zum Schutz der Person gegen eine Gefahr für Leib oder Leben erforderlich ist, insbesondere weil die Person sich erkennbar in einem die freie Willensbestimmung ausschließenden Zustand oder sonst in hilfloser Lage befindet,
2. unerlässlich ist, um die unmittelbar bevorstehende Begehung oder Fortsetzung einer Straftat oder einer Ordnungswidrigkeit mit erheblicher Bedeutung für die Allgemeinheit zu verhindern,
3. unerlässlich ist, um Maßnahmen nach den §§ 31 und 31a durchzusetzen, oder
4. unerlässlich ist, um private Rechte zu schützen und eine Festnahme und Vorführung der Person nach den §§ 229, 230 Abs. 3 des Bürgerlichen Gesetzbuches ohne polizeiliches Einschreiten zulässig wäre.

(2) Die Polizeibehörden können Minderjährige, die sich der Obhut der Sorgeberechtigten entzogen haben, in Gewahrsam nehmen, um sie den Sorgeberechtigten oder dem Jugendamt zuzuführen.

(3) Die Polizeibehörden können eine Person, die aus dem Vollzug von Untersuchungshaft, Freiheitsstrafe oder freiheitsentziehender Maßregel der Besserung und Sicherung entwichen ist oder sich sonst ohne Erlaubnis außerhalb der Justizvollzugsanstalt aufhält, in Gewahrsam nehmen und in die Anstalt zurückbringen.

(4) Die örtlichen Ordnungsbehörden und die Polizeibehörden können eine Person, für die die Voraussetzungen für eine sofortige vorläufige Unterbringung nach § 17 Abs. 1 Satz 1 des Psychisch-Kranken-Hilfe-Gesetzes vom 4. Mai 2017 (GVBl. S. 66) vorliegen, vorläufig in Gewahrsam nehmen und in ein psychiatrisches Krankenhaus nach § 10 Abs. 1 bis 3 des Psychisch-Kranken-Hilfe-Gesetzes oder im Falle einer somatischen Behandlungsbedürftigkeit vorübergehend in ein Allgemeinkrankenhaus bringen; § 17 Abs. 1 Satz 2 des Psychisch-Kranken-Hilfe-Gesetzes und § 33 Abs. 1 Satz 2 gelten entsprechend. Sie können eine Person, die nach § 9 Abs. 1 oder § 17 Abs. 1 des Psychisch-Kranken-Hilfe-Gesetzes untergebracht ist und sich ohne Erlaubnis außerhalb des psychiatrischen Krankenhauses aufhält, dorthin zurückbringen.

§ 33 Richterliche Entscheidung

(1) Wird eine Person aufgrund des § 18 Abs. 4, § 25 Abs. 1 Satz 4 oder § 32 Abs. 1 oder 2 festgehalten, haben die Polizeibehörden unverzüglich

eine richterliche Entscheidung über Zulässigkeit und Fortdauer der Freiheitsentziehung herbeizuführen. Der Herbeiführung der richterlichen Entscheidung bedarf es nicht, wenn anzunehmen ist, dass die richterliche Entscheidung erst nach Wegfall des Grundes der polizeilichen Maßnahme ergehen würde.

(2) Für die Entscheidung nach Abs. 1 ist das Amtsgericht zuständig, in dessen Bezirk die Person festgehalten wird. Das Verfahren richtet sich nach Buch 7 des Gesetzes über das Verfahren in Familiensachen und in den Angelegenheiten der freiwilligen Gerichtsbarkeit. Für die Gerichtskosten gelten die Vorschriften des Gerichts- und Notarkostengesetzes vom 23. Juli 2013 (BGBl. I S. 2586), zuletzt geändert durch Gesetz vom 21. November 2016 (BGBl. I S. 2591).

§ 34 Behandlung festgehaltener Personen

(1) Wird eine Person aufgrund des § 18 Abs. 4, § 25 Abs. 1 Satz 4 oder § 32 festgehalten, ist ihr unverzüglich der Grund bekannt zu geben.

(2) Der festgehaltenen Person ist unverzüglich Gelegenheit zu geben, eine Angehörige oder einen Angehörigen oder eine Person ihres Vertrauens zu benachrichtigen, soweit dadurch der Zweck der Freiheitsentziehung nicht gefährdet wird. Unberührt bleibt die Benachrichtigungspflicht bei einer richterlichen Freiheitsentziehung. Die Polizeibehörde soll die Benachrichtigung übernehmen, wenn die festgehaltene Person nicht in der Lage ist, von dem Recht nach Satz 1 Gebrauch zu machen, und die Benachrichtigung ihrem mutmaßlichen Willen nicht widerspricht. Ist die festgehaltene Person minderjährig oder ist für sie eine Betreuerin oder ein Betreuer bestellt, so ist in jedem Fall unverzüglich diejenige Person zu benachrichtigen, der die Sorge für die Person oder die Betreuung der Person nach dem ihr übertragenen Aufgabenkreis obliegt.

(3) Die festgehaltene Person soll gesondert, insbesondere ohne ihre Einwilligung nicht in demselben Raum mit Straf- oder Untersuchungsgefangenen untergebracht werden. Männer und Frauen sollen getrennt untergebracht werden. Der festgehaltenen Person dürfen nur solche Beschränkungen auferlegt werden, die der Zweck der Freiheitsentziehung oder die Ordnung im Gewahrsam erfordert. Die festgehaltene Person kann mittels Bildübertragung offen beobachtet werden, wenn tatsächliche Anhaltspunkte die Annahme rechtfertigen, dass diese Maßnahme zum Schutz der Person erforderlich ist.

§ 35 Dauer der Freiheitsentziehung

(1) Die festgehaltene Person ist zu entlassen,

1. sobald der Grund für die Maßnahme der Gefahrenabwehr- oder der Polizeibehörde weggefallen ist,

2. spätestens vierundzwanzig Stunden nach dem Ergreifen, wenn sie nicht vorher der Richterin oder dem Richter zugeführt worden ist,
3. wenn die Fortdauer der Freiheitsentziehung durch richterliche Entscheidung für unzulässig erklärt wird oder
4. in jedem Falle spätestens bis zum Ende des Tages nach dem Ergreifen, wenn nicht vorher die Fortdauer der Freiheitsentziehung durch richterliche Entscheidung angeordnet ist.

In der richterlichen Entscheidung über eine Freiheitsentziehung aufgrund des § 32 Abs. 1 ist die höchstzulässige Dauer zu bestimmen. Sie darf

1. im Falle des § 32 Abs. 1 Nr. 2 sechs Tage,
2. im Falle des § 32 Abs. 1 Nr. 3, soweit es sich um Maßnahmen nach § 31a handelt, zehn Tage,
3. in den übrigen Fällen des § 32 Abs. 1 zwei Tage

nicht überschreiten.

(2) Eine Freiheitsentziehung zum Zwecke der Feststellung der Identität darf die Dauer von insgesamt zwölf Stunden nicht überschreiten.

§ 36 Durchsuchung und Untersuchung von Personen

(1) Die Gefahrenabwehr- und die Polizeibehörden können eine Person durchsuchen, wenn

1. Tatsachen die Annahme rechtfertigen, dass sie Sachen mit sich führt, die sichergestellt werden dürfen, oder
2. sie sich erkennbar in einem die freie Willensbestimmung ausschließenden Zustand oder sonst in hilfloser Lage befindet.

(2) Die Polizeibehörden können, außer in den Fällen des § 18 Abs. 4, eine Person durchsuchen, wenn sie

1. nach diesem Gesetz oder anderen Rechtsvorschriften festgehalten werden kann,
2. sich an einem der in § 18 Abs. 2 Nr. 1 genannten Orte aufhält,
3. sich in einem Objekt im Sinne des § 18 Abs. 2 Nr. 3 oder in dessen unmittelbarer Nähe aufhält und tatsächliche Anhaltspunkte die Annahme rechtfertigen, dass in oder an diesen Objekten Straftaten begangen werden sollen, durch die in oder an diesen Objekten befindliche Personen oder diese Objekte selbst unmittelbar gefährdet sind, und dies aufgrund der Gefährdungslage oder auf die Person bezogener Anhaltspunkte erforderlich ist,
4. sich im räumlichen Umfeld einer Person aufhält, die in besonderem Maße gefährdet erscheint, und tatsächliche Anhaltspunkte die Maßnahme zum Schutz der Person rechtfertigen oder

5. zur Gezielten Kontrolle nach § 17 oder einer vergleichbaren Rechtsvorschrift ausgeschrieben ist.

(3) Die Polizeibehörden können eine Person, deren Identität nach diesem Gesetz oder anderen Rechtsvorschriften festgestellt werden soll, nach Waffen, anderen gefährlichen Werkzeugen und Explosivmitteln durchsuchen, wenn dies nach den Umständen zum Schutz von Polizeivollzugsbeamtinnen und Polizeivollzugsbeamten oder Dritten gegen eine Gefahr für Leib oder Leben erforderlich ist.

(4) Personen dürfen nur von Personen gleichen Geschlechts, von Ärztinnen oder Ärzten durchsucht werden; dies gilt außer im Falle einer mit einer Entkleidung verbundenen körperlichen Durchsuchung nicht, wenn die sofortige Durchsuchung zum Schutz gegen eine Gefahr für Leib oder Leben erforderlich ist.

(5) Zur Abwehr einer Gefahr für Leib oder Leben können Personen körperlich untersucht sowie Blutproben entnommen und andere körperliche Eingriffe, die aus ärztlicher Sicht erforderlich sind und keine Nachteile für die Gesundheit der betroffenen Person befürchten lassen, vorgenommen werden. Maßnahmen nach Satz 1 bedürfen außer bei Gefahr im Verzug der richterlichen Anordnung. Für das Verfahren gilt § 39 Abs. 1 mit der Maßgabe, dass das Amtsgericht zuständig ist, in dessen Bezirk die Polizeibehörde ihren Sitz hat. Bei Gefahr im Verzug darf die Anordnung auch durch die Polizeibehörden erfolgen. Maßnahmen nach Satz 1 dürfen nur von Ärztinnen oder Ärzten durchgeführt werden. Die aufgrund von Maßnahmen nach Satz 1 erhobenen personenbezogenen Daten dürfen über den dort genannten Zweck hinaus nur zum Schutz vor oder zur Abwehr von schwerwiegenden Gesundheitsgefährdungen genutzt werden.

§ 37 Durchsuchung von Sachen

(1) Die Gefahrenabwehr- und die Polizeibehörden können eine Sache durchsuchen, wenn

1. sie von einer Person mitgeführt wird, die nach § 36 durchsucht werden darf,
2. Tatsachen die Annahme rechtfertigen, dass sich in ihr eine Person befindet, die widerrechtlich festgehalten wird oder hilflos ist, oder
3. Tatsachen die Annahme rechtfertigen, dass sich in ihr oder an ihr eine andere Sache befindet, die sichergestellt werden darf.

(2) Die Polizeibehörden können, außer in den Fällen des § 18 Abs. 4, eine Sache durchsuchen, wenn

1. Tatsachen die Annahme rechtfertigen, dass sich in ihr eine Person befindet, die in Gewahrsam genommen werden darf,
2. sie sich an einem der in § 18 Abs. 2 Nr. 1 genannten Orte befindet,

3. sie sich in einem Objekt im Sinne des § 18 Abs. 2 Nr. 3 oder in dessen unmittelbarer Nähe befindet und Tatsachen die Annahme rechtfertigen, dass in oder an diesen Objekten Straftaten begangen werden sollen, durch die in oder an diesen Objekten befindliche Personen oder diese Objekte selbst unmittelbar gefährdet sind, und dies aufgrund der Gefährdungslage oder auf die Person bezogener Anhaltspunkte erforderlich ist,
4. es sich um ein Land-, Wasser- oder Luftfahrzeug handelt, in dem sich eine Person befindet, deren Identität nach § 18 Abs. 2 Nr. 5 oder 6 festgestellt werden darf, und in den Fällen des § 18 Abs. 2 Nr. 6 tatsächliche Anhaltspunkte die Annahme rechtfertigen, dass sich in oder an dem Fahrzeug eine Sache befindet, die sichergestellt werden darf; die Durchsuchung kann sich auch auf die in oder an dem Fahrzeug befindlichen Sachen erstrecken oder
5. sie von einer Person mitgeführt wird, die zur Gezielten Kontrolle nach § 17 oder einer vergleichbaren Rechtsvorschrift ausgeschrieben ist, oder es sich um ein derart ausgeschriebenes Kraftfahrzeug handelt; im Falle einer Ausschreibung des Kraftfahrzeugs kann sich die Durchsuchung auch auf die in oder an dem Fahrzeug befindlichen Sachen erstrecken.

(3) Bei der Durchsuchung von Sachen hat die Inhaberin oder der Inhaber der tatsächlichen Gewalt das Recht, anwesend zu sein. Bei Abwesenheit ist, wenn möglich, eine Person, die zur Vertretung befugt ist, oder eine andere Person als Zeugin oder als Zeuge hinzuzuziehen. Der Inhaberin oder dem Inhaber der tatsächlichen Gewalt ist auf Verlangen eine Bescheinigung über die Durchsuchung und ihren Grund zu erteilen.

§ 38 Betreten und Durchsuchung von Wohnungen

(1) Die Wohnung umfasst die Wohn- und Nebenräume, Arbeits-, Betriebs- und Geschäftsräume sowie anderes befriedetes Besitztum, das mit diesen Räumen in Verbindung steht.

(2) Die Gefahrenabwehr- und die Polizeibehörden können eine Wohnung ohne Einwilligung der Inhaberin oder des Inhabers betreten und durchsuchen, wenn

1. Tatsachen die Annahme rechtfertigen, dass sich in ihr eine Sache befindet, die nach § 40 Nr. 1 sichergestellt werden darf, oder
2. dies zur Abwehr einer gegenwärtigen Gefahr für Leib, Leben oder Freiheit einer Person oder für Sachen von bedeutendem Wert erforderlich ist.

(3) Die Polizeibehörden können eine Wohnung ohne Einwilligung der Inhaberin oder des Inhabers betreten und durchsuchen, wenn Tatsachen die Annahme rechtfertigen, dass sich in ihr eine Person aufhält, die nach

§ 30 Abs. 4 vorgeführt oder nach § 32 in Gewahrsam genommen werden darf.

(4) Rechtfertigen Tatsachen die Annahme, dass sich in einem Gebäude eine Person befindet, die widerrechtlich festgehalten wird oder hilflos ist und für die dadurch Gefahr für Leib oder Leben besteht, so kann die Polizeibehörde die in diesem Gebäude befindlichen Wohnungen ohne Einwilligung der Inhaberinnen oder der Inhaber betreten und durchsuchen, wenn die Gefahr auf andere Weise nicht beseitigt werden kann.

(5) Während der Nachtzeit (§ 104 Abs. 3 der Strafprozessordnung) ist das Betreten und Durchsuchen einer Wohnung nur in den Fällen des Abs. 2 Nr. 2 und des Abs. 4 zulässig.

(6) Wohnungen dürfen jedoch zur Abwehr dringender Gefahren von den in Abs. 2 genannten Behörden jederzeit betreten werden, wenn

1. aufgrund tatsächlicher Anhaltspunkte anzunehmen ist, dass dort
   a) Personen Straftaten verabreden, vorbereiten oder verüben,
   b) sich Personen ohne erforderlichen Aufenthaltstitel treffen oder
   c) sich Straftäterinnen oder Straftäter verbergen, oder
2. sie der Prostitution dienen.

(7) Arbeits-, Betriebs- und Geschäftsräume sowie andere Räume und Grundstücke, die der Öffentlichkeit zugänglich sind oder zugänglich waren und den Anwesenden zum weiteren Aufenthalt zur Verfügung stehen, dürfen zum Zwecke der Gefahrenabwehr während der Arbeits-, Geschäfts- oder Aufenthaltszeit betreten werden.

§ 39 Verfahren bei der Durchsuchung von Wohnungen

(1) Durchsuchungen bedürfen außer bei Gefahr im Verzug der richterlichen Anordnung. Zuständig ist das Amtsgericht, in dessen Bezirk die Wohnung liegt. Für das Verfahren gelten die Vorschriften des Gesetzes über das Verfahren in Familiensachen und in Angelegenheiten der freiwilligen Gerichtsbarkeit entsprechend.

(2) Bei der Durchsuchung einer Wohnung hat die Wohnungsinhaberin oder der Wohnungsinhaber das Recht, anwesend zu sein. Bei Abwesenheit ist, wenn möglich, eine Person, die zur Vertretung befugt ist oder eine erwachsene Angehörige, ein erwachsener Angehöriger, eine Hausgenossin oder ein Hausgenosse, eine Nachbarin oder ein Nachbar zuzuziehen.

(3) Der Wohnungsinhaberin, dem Wohnungsinhaber oder der Person, die zur Vertretung befugt ist, ist der Grund der Durchsuchung unverzüglich bekannt zu geben, soweit dadurch der Zweck der Maßnahme nicht gefährdet wird.

(4) Über die Durchsuchung ist eine Niederschrift zu fertigen. Sie muss die verantwortliche Gefahrenabwehr- oder Polizeibehörde, den Grund, die Zeit, den Ort und das Ergebnis der Durchsuchung enthalten. Die Niederschrift ist von einer oder einem durchsuchenden Bediensteten und der Wohnungsinhaberin oder dem Wohnungsinhaber oder der zugezogenen Person zu unterzeichnen. Wird die Unterschrift verweigert, so ist hierüber ein Vermerk aufzunehmen. Der Wohnungsinhaberin, dem Wohnungsinhaber oder der Person, die zur Vertretung befugt ist, ist auf Verlangen eine Durchschrift der Niederschrift auszuhändigen.

(5) Ist die Anfertigung der Niederschrift oder die Aushändigung einer Durchschrift nach den besonderen Umständen des Falles nicht möglich oder würde sie den Zweck der Durchsuchung gefährden, so sind der betroffenen Person lediglich die Durchsuchung unter Angabe der verantwortlichen Gefahrenabwehr- oder Polizeibehörde sowie Zeit und Ort der Durchsuchung schriftlich zu bestätigen.

§ 40 Sicherstellung

(1) Die Gefahrenabwehr- und die Polizeibehörden können eine Sache sicherstellen,

1. um eine gegenwärtige Gefahr abzuwehren,
2. um die Eigentümerin oder den Eigentümer oder die rechtmäßige Inhaberin oder den rechtmäßigen Inhaber der tatsächlichen Gewalt vor Verlust oder Beschädigung einer Sache zu schützen,
3. wenn sie von einer Person mitgeführt wird, die nach diesem Gesetz oder anderen Rechtsvorschriften festgehalten wird, und sie oder ein anderer die Sache verwenden kann, um
   a) sich zu töten oder zu verletzen,
   b) Leben oder Gesundheit anderer zu schädigen,
   c) fremde Sachen zu beschädigen oder
   d) die Flucht zu ermöglichen oder zu erleichtern, oder
4. wenn tatsächliche Anhaltspunkte die Annahme rechtfertigen, dass sie zur Begehung einer Straftat oder Ordnungswidrigkeit gebraucht oder verwertet werden soll.

(2) Die Gefahrenabwehr- und die Polizeibehörden können eine Forderung oder ein anderes Vermögensrecht im Fall des Abs. 1 Nr. 1, 2 oder 4 sicherstellen. Die Vorschriften der Zivilprozessordnung über die Zwangsvollstreckung in Forderungen und Vermögensrechte sowie § 41 Abs. 2 und § 43 gelten entsprechend.

§ 41 Verwahrung

(1) Sichergestellte Sachen sind in Verwahrung zu nehmen. Lässt die Beschaffenheit der Sachen dies nicht zu oder erscheint die Verwahrung

bei der Gefahrenabwehr- oder der Polizeibehörde unzweckmäßig, so sind die Sachen auf andere geeignete Weise aufzubewahren oder zu sichern. In diesem Falle kann die Verwahrung auch einer dritten Person übertragen werden.

(2) Der betroffenen Person ist eine Bescheinigung auszustellen, die den Grund der Sicherstellung erkennen lässt und die sichergestellten Sachen bezeichnet. Kann nach den Umständen des Falles eine Bescheinigung nicht ausgestellt werden, so ist über die Sicherstellung eine Niederschrift aufzunehmen, die auch erkennen lässt, warum eine Bescheinigung nicht ausgestellt worden ist. Die Eigentümerin oder der Eigentümer oder die rechtmäßige Inhaberin oder der rechtmäßige Inhaber der tatsächlichen Gewalt ist unverzüglich zu unterrichten.

(3) Wird eine sichergestellte Sache verwahrt, so hat die Gefahrenabwehr- oder die Polizeibehörde nach Möglichkeit Wertminderungen vorzubeugen. Dies gilt nicht, wenn die Sache durch eine dritte Person auf Verlangen einer berechtigten Person verwahrt wird.

(4) Die verwahrten Sachen sind zu verzeichnen und so zu kennzeichnen, dass Verwechslungen vermieden werden.

§ 42 Verwertung, Unbrauchbarmachung und Vernichtung

(1) Die Verwertung einer sichergestellten Sache ist zulässig, wenn

1. ihr Verderb oder eine wesentliche Wertminderung droht,
2. ihre Verwahrung, Pflege oder Erhaltung mit unverhältnismäßig hohen Kosten oder mit unverhältnismäßig großen Schwierigkeiten verbunden ist,
3. sie infolge ihrer Beschaffenheit nicht so verwahrt werden kann, dass weitere Gefahren für die öffentliche Sicherheit oder Ordnung ausgeschlossen sind,
4. sie nach einer Frist von einem Jahr nicht an eine berechtigte Person herausgegeben werden kann, ohne dass die Voraussetzungen der Sicherstellung erneut eintreten würden, oder
5. die berechtigte Person sie nicht innerhalb einer ausreichend bemessenen Frist abholt, obwohl ihr eine Mitteilung über die Frist mit dem Hinweis zugestellt worden ist, dass die Sache verwertet wird, wenn sie nicht innerhalb der Frist abgeholt wird.

(2) Die betroffene Person, die Eigentümerin, der Eigentümer und andere Personen, denen ein Recht an der Sache zusteht, sollen vor der Anordnung der Verwertung gehört werden. Die Anordnung sowie Zeit und Ort der Verwertung sind ihnen mitzuteilen, soweit die Umstände und der Zweck der Maßnahmen es erlauben.

(3) Die Sache wird durch öffentliche Versteigerung verwertet; § 383 Abs. 3 und § 979 Abs. 1 Satz 2, Abs. 1a und 1b des Bürgerlichen Gesetz-

buches gelten entsprechend. Bleibt die Versteigerung erfolglos, erscheint sie von vornherein aussichtslos oder würden die Kosten der Versteigerung voraussichtlich den zu erwartenden Erlös übersteigen, so kann die Sache freihändig verkauft werden. Der Erlös tritt an die Stelle der verwerteten Sache. Lässt sich innerhalb angemessener Frist keine Käuferin oder kein Käufer finden, so kann die Sache einem gemeinnützigen Zweck zugeführt werden.

(4) Sichergestellte Sachen können unbrauchbar gemacht oder vernichtet werden, wenn

1. im Falle einer Verwertung die Gründe, die zu ihrer Sicherstellung berechtigen, fortbestehen oder Sicherstellungsgründe erneut entstehen würden, oder
2. die Verwertung aus anderen Gründen nicht möglich ist.

Abs. 2 gilt entsprechend.

(5) Maßnahmen nach Abs. 2 bis 4 darf nur die Behördenleitung oder eine von dieser beauftragte Bedienstete oder ein von dieser beauftragter Bediensteter anordnen.

§ 43 Herausgabe sichergestellter Sachen oder des Erlöses, Kosten

(1) Sobald die Voraussetzungen für die Sicherstellung weggefallen sind, sind die Sachen an diejenige Person herauszugeben, bei der sie sichergestellt worden sind. Ist die Herausgabe an sie nicht möglich, können sie an eine andere Person herausgegeben werden, die ihre Berechtigung glaubhaft macht. Die Herausgabe ist ausgeschlossen, wenn dadurch erneut die Voraussetzungen für eine Sicherstellung eintreten würden.

(2) Sind die Sachen verwertet worden, ist der Erlös herauszugeben. Ist eine berechtigte Person nicht vorhanden oder nicht zu ermitteln, ist der Erlös in Verwahrung zu nehmen; § 41 Abs. 1 gilt entsprechend. Der Anspruch auf Herausgabe des Erlöses erlischt drei Jahre nach Ablauf des Jahres, in dem die Sache verwertet worden ist.

(3) Die Kosten der Sicherstellung einschließlich der Kosten der Verwertung, Unbrauchbarmachung und Vernichtung sichergestellter Sachen fallen den nach den §§ 6 oder 7 Verantwortlichen zur Last. Mehrere Verantwortliche haften gesamtschuldnerisch. Es kann bestimmt werden, dass die betroffene Person die voraussichtlichen Kosten der Sicherstellung im Voraus zu zahlen hat. Die Herausgabe der Sache kann von der Zahlung der Kosten oder der voraussichtlichen Kosten abhängig gemacht werden. Eine dritte Person, der die Verwahrung übertragen worden ist, kann ermächtigt werden, Zahlungen der voraussichtlichen Kosten für die Gefahrenabwehr- oder die Polizeibehörde in Empfang zu nehmen. Ist eine Sache verwertet worden, können die Kosten aus dem

Erlös gedeckt werden. Die Kosten können im Verwaltungsvollstreckungsverfahren beigetrieben werden.

(4) § 983 des Bürgerlichen Gesetzbuches bleibt unberührt.

§ 43a Halten gefährlicher Tiere

(1) Die nicht gewerbsmäßige Haltung eines gefährlichen Tieres einer wild lebenden Art ist verboten. Gefährliche Tiere sind solche, die in ausgewachsenem Zustand Menschen durch Körperkraft, Gifte oder Verhalten erheblich verletzen können und ihrer Art nach unabhängig von individuellen Eigenschaften allgemein gefährlich sind. Die Bezirksordnungsbehörde kann auf Antrag Ausnahmen von dem Verbot zulassen, wenn die Halterin oder der Halter ein berechtigtes Interesse an der Haltung nachweist. Ein berechtigtes Interesse kann für die Haltung zum Zwecke der Wissenschaft oder Forschung oder für vergleichbare Zwecke angenommen werden.

(2) Das Verbot nach Abs. 1 Satz 1 gilt nicht für zum Zeitpunkt seines Inkrafttretens bereits gehaltene gefährliche Tiere einer wild lebenden Art, wenn die Haltung durch die Halterin oder den Halter bis spätestens zum 30. April 2008 der Bezirksordnungsbehörde schriftlich angezeigt wird. Satz 1 gilt entsprechend für zum Zeitpunkt des Inkrafttretens des Verbots nach Abs. 1 Satz 1 bereits erzeugte Nachkömmlinge.

(3) Die §§ 11 bis 43 bleiben unberührt.

(4) Ordnungswidrig handelt, wer vorsätzlich oder fahrlässig dem Verbot nach Abs. 1 Satz 1 zuwiderhandelt. Die Ordnungswidrigkeit kann mit einer Geldbuße bis zu fünftausend Euro geahndet werden. Tiere, auf die sich die Ordnungswidrigkeit bezieht, und Gegenstände, die zu ihrer Begehung oder Vorbereitung gebraucht worden oder bestimmt gewesen sind, können eingezogen werden. § 23 des Gesetzes über Ordnungswidrigkeiten in der Fassung der Bekanntmachung vom 19. Februar 1987 (BGBl. I S. 602), zuletzt geändert durch Gesetz vom 27. August 2017 (BGBl. I S. 3295), ist anzuwenden. Verwaltungsbehörde im Sinne des § 36 Abs. 1 Nr. 1 des Gesetzes über Ordnungswidrigkeiten ist die Bezirksordnungsbehörde.

§ 43b Strafvorschrift

(1) Mit Freiheitsstrafe bis zu zwei Jahren oder mit Geldstrafe wird bestraft, wer einer vollstreckbaren gerichtlichen Anordnung nach § 31a Abs. 3 Satz 1 oder einer vollziehbaren Anordnung nach § 31a Abs. 3 Satz 2 zuwider handelt und dadurch den Zweck der Anordnung gefährdet.

(2) Die Tat wird nur auf Antrag der nach § 31a Abs. 3 zuständigen Behördenleitung verfolgt.

DRITTER ABSCHNITT
Vollzugshilfe

§ 44 Vollzugshilfe

(1) Die Polizeibehörden leisten den allgemeinen Ordnungsbehörden auf Ersuchen Vollzugshilfe, wenn

1. zur Durchführung ordnungsbehördlicher Maßnahmen Vollzugshandlungen erforderlich sind, die diese Behörden mangels eigener befugter Bediensteter nicht selbst vornehmen können, oder
2. zur Feststellung der Identität erkennungsdienstliche Maßnahmen angeordnet worden sind (§ 18 Abs. 3).

Die Ministerin oder der Minister des Innern wird ermächtigt, im Einvernehmen mit der fachlich zuständigen Ministerin oder dem fachlich zuständigen Minister durch Rechtsverordnung Ausnahmen zu bestimmen, bei denen Vollzugshilfe nach Satz 1 Nr. 1 nicht zu leisten ist.

(2) Die Polizeibehörden leisten anderen Behörden auf Ersuchen Vollzugshilfe,

1. wenn unmittelbarer Zwang anzuwenden ist und diese Behörden nicht über die hierzu erforderlichen befugten Bediensteten verfügen oder ihre Maßnahmen nicht auf andere Weise selbst durchsetzen können,
2. bei Vollzugshandlungen dieser Behörden, soweit dies zum Schutz der Vollzugsorgane dieser Behörden, zugezogener Zeuginnen, Zeugen und Hilfspersonen mit Rücksicht auf zu erwartenden Widerstand erforderlich ist, oder
3. wenn zur Feststellung der Identität erkennungsdienstliche Maßnahmen angeordnet worden sind.

Auch wenn eine nach Abs. 1 Satz 2 erlassene Rechtsverordnung bestimmt, dass Vollzugshilfe nach Abs. 1 Satz 1 Nr. 1 nicht zu leisten ist, gilt Satz 1 Nr. 2 entsprechend.

(3) Die Polizeibehörden sind nur für die Art und Weise der Durchführung der Vollzugshilfe verantwortlich. Im Übrigen gelten die §§ 4 bis 8 des Hessischen Verwaltungsverfahrensgesetzes.

§ 45 Verfahren

(1) Vollzugshilfeersuchen sind schriftlich zu stellen; sie haben den Grund und die Rechtsgrundlage der Maßnahme zu enthalten.

(2) In Eilfällen kann das Ersuchen formlos gestellt werden. Es ist jedoch auf Verlangen unverzüglich schriftlich zu bestätigen.

(3) Die ersuchende Behörde ist von der Ausführung des Ersuchens zu unterrichten.

§ 46 Vollzugshilfe bei Freiheitsentziehung

(1) Hat das Vollzugshilfeersuchen eine Freiheitsentziehung zum Inhalt, so ist auch die richterliche Entscheidung über die Zulässigkeit der Freiheitsentziehung vorzulegen oder in dem Ersuchen zu bezeichnen.

(2) Ist eine vorherige richterliche Entscheidung nicht ergangen, so hat die Polizeibehörde die festgehaltene Person zu entlassen, wenn die ersuchende Behörde diese nicht übernimmt oder die richterliche Entscheidung nicht unverzüglich nachträglich beantragt.

(3) Die §§ 34 und 35 gelten entsprechend.

VIERTER ABSCHNITT
Zwang

ERSTER TITEL
Erzwingung von Handlungen, Duldungen und Unterlassungen

§ 47 Zulässigkeit des Verwaltungszwanges

(1) Der ordnungsbehördliche oder polizeiliche Verwaltungsakt, der auf die Vornahme einer Handlung oder auf Duldung oder Unterlassung gerichtet ist, kann mit Zwangsmitteln durchgesetzt werden, wenn er unanfechtbar ist oder wenn ein Rechtsbehelf keine aufschiebende Wirkung hat.

(2) Der Verwaltungszwang kann ohne vorausgehenden ordnungsbehördlichen oder polizeilichen Verwaltungsakt angewendet werden, wenn dies zur Abwehr einer Gefahr erforderlich ist, insbesondere weil Maßnahmen gegen Personen nach den §§ 6 bis 9 nicht rechtzeitig möglich sind oder keinen Erfolg versprechen, und die Ordnungs- oder die Polizeibehörde hierbei innerhalb ihrer Befugnisse handelt.

(3) Für die Anwendung von Zwangsmitteln ist die Behörde zuständig, die den ordnungsbehördlichen oder polizeilichen Verwaltungsakt erlassen hat. Die Verpflichtung der Polizeibehörden zur Vollzugshilfe (§ 44) bleibt unberührt. Soweit Verwaltungsakte von Ministerien als Landesordnungsbehörden oder vom Ministerium des Innern und für Sport als Landespolizeipräsidium erlassen worden sind, obliegt die Anwendung von Zwangsmitteln der Ordnungs- oder der Polizeibehörde, die hierzu von der obersten Landesbehörde angewiesen worden ist.

(4) Abs. 1 und 2 gelten auch in den Fällen des § 52 Abs. 1, in denen unmittelbarer Zwang nicht von Polizeibehörden angewendet wird.

(5) Die Ordnungs- und die Polizeibehörden können die Wohnung (§ 38 Abs. 1) einer oder eines Pflichtigen betreten und durchsuchen und die Person oder Sachen der oder des Pflichtigen durchsuchen, soweit es der Zweck der zwangsweisen Durchsetzung des ordnungsbehördlichen oder polizeilichen Verwaltungsaktes erfordert. Bei der Durchsuchung einer Wohnung können auch verschlossene Räume und Behältnisse erforderlichenfalls gewaltsam geöffnet werden. § 39 gilt entsprechend.

§ 48 Zwangsmittel

(1) Zwangsmittel sind:

1. Ersatzvornahme (§ 49),
2. Zwangsgeld (§ 50),
3. unmittelbarer Zwang (§ 52).

(2) Sie sind nach Maßgabe der §§ 53 und 58 anzudrohen.

(3) Die Zwangsmittel können auch neben einer Strafe oder Geldbuße angewandt und solange wiederholt und gewechselt werden, bis der ordnungsbehördliche oder polizeiliche Verwaltungsakt befolgt worden ist oder sich auf andere Weise erledigt hat.

(4) Zwangsmittel dürfen nicht angewendet werden, wenn die Handlung, die erzwungen werden soll, für den Pflichtigen unmöglich ist.

§ 49 Ersatzvornahme

(1) Wird die Verpflichtung, eine Handlung vorzunehmen, deren Vornahme durch eine andere Person möglich ist (vertretbare Handlung), nicht erfüllt, so können die Ordnungs- oder die Polizeibehörden auf Kosten der betroffenen Person die Handlung selbst oder durch eine beauftragte dritte Person ausführen. Soweit Sachen in Verwahrung genommen werden, gelten die §§ 41 bis 43 entsprechend.

(2) Es kann bestimmt werden, dass die betroffene Person die voraussichtlichen Kosten der Ersatzvornahme im Voraus zu zahlen hat. Zahlt die betroffene Person die Kosten der Ersatzvornahme nicht fristgerecht, so können sie im Verwaltungsvollstreckungsverfahren beigetrieben werden. Die Beitreibung der voraussichtlichen Kosten unterbleibt, sobald die betroffene Person die gebotene Handlung ausführt.

§ 50 Zwangsgeld

(1) Zwangsgeld wird von der Ordnungs- oder der Polizeibehörde auf mindestens zehn und höchstens fünfzigtausend Euro schriftlich festgesetzt.

(2) Mit der Festsetzung des Zwangsgeldes ist der betroffenen Person eine angemessene Frist zur Zahlung einzuräumen.

(3) Zahlt die betroffene Person das Zwangsgeld nicht fristgerecht, so wird es im Verwaltungsvollstreckungsverfahren beigetrieben. Die Beitreibung unterbleibt, sobald die betroffene Person die gebotene Handlung ausführt oder die zu duldende Maßnahme gestattet.

§ 51 Ersatzzwangshaft

(1) Ist das Zwangsgeld uneinbringlich, so kann das Verwaltungsgericht auf Antrag der Ordnungs- oder der Polizeibehörde Ersatzzwangshaft anordnen, wenn bei Androhung des Zwangsgeldes hierauf hingewiesen worden ist. Die Ersatzzwangshaft beträgt mindestens einen Tag, höchstens zwei Wochen.

(2) Die Ersatzzwangshaft ist auf Antrag der Ordnungs- oder der Polizeibehörde von der Justizverwaltung nach den Bestimmungen der §§ 802g und 802h der Zivilprozessordnung zu vollstrecken; die Verhaftung kann auch durch eine Vollziehungsbeamtin oder einen Vollziehungsbeamten erfolgen.

§ 52 Unmittelbarer Zwang

(1) Unmittelbarer Zwang kann von den Polizeibehörden sowie nach Maßgabe des § 63 von Vollzugsbediensteten, die nicht Polizeivollzugsbeamtinnen oder Polizeivollzugsbeamte sind, und sonstigen Personen, denen die Anwendung unmittelbaren Zwanges gestattet ist, angewendet werden, wenn andere Zwangsmittel nicht in Betracht kommen oder keinen Erfolg versprechen oder unzweckmäßig sind. Für die Art und Weise der Anwendung unmittelbaren Zwanges gelten die §§ 54 bis 63. Für die Kosten gilt § 8 Abs. 2 entsprechend.

(2) Unmittelbarer Zwang zur Abgabe einer Erklärung ist ausgeschlossen.

§ 53 Androhung der Zwangsmittel

(1) Zwangsmittel sind anzudrohen. Die Androhung soll möglichst schriftlich erfolgen. Der betroffenen Person ist in der Androhung zur Erfüllung der Verpflichtung eine angemessene Frist zu bestimmen; eine Frist braucht nicht bestimmt zu werden, wenn eine Duldung oder Unterlassung erzwungen werden soll. Von der Androhung kann abgesehen werden, wenn die Umstände sie nicht zulassen, insbesondere wenn die sofortige Anwendung des Zwangsmittels zur Abwehr einer Gefahr notwendig ist.

(2) Die Androhung kann mit dem ordnungsbehördlichen oder polizeilichen Verwaltungsakt verbunden werden, durch den die Handlung, Duldung oder Unterlassung aufgegeben wird. Sie soll mit ihm verbunden werden, wenn ein Rechtsbehelf keine aufschiebende Wirkung hat.

(3) Die Androhung muss sich auf bestimmte Zwangsmittel beziehen. Werden mehrere Zwangsmittel angedroht, so ist anzugeben, in welcher Reihenfolge sie angewandt werden sollen.

(4) Wird Ersatzvornahme angedroht, so sollen in der Androhung die voraussichtlichen Kosten angegeben werden.

(5) Das Zwangsgeld ist in bestimmter Höhe anzudrohen.

(6) Die Androhung ist zuzustellen. Dies gilt auch dann, wenn sie mit dem zugrunde liegenden ordnungsbehördlichen oder polizeilichen Verwaltungsakt verbunden ist und für diesen keine Zustellung vorgeschrieben ist.

ZWEITER TITEL
Ausübung unmittelbaren Zwanges

§ 54 Rechtliche Grundlagen

(1) Sind die Polizeibehörden nach diesem Gesetz oder anderen Rechtsvorschriften zur Anwendung unmittelbaren Zwanges befugt, gelten für die Art und Weise der Anwendung die §§ 55 bis 62 und, soweit sich aus diesen nichts Abweichendes ergibt, die übrigen Vorschriften dieses Gesetzes.

(2) Die zivil- und strafrechtlichen Wirkungen nach den Vorschriften über Notwehr und Notstand bleiben unberührt.

§ 55 Begriffsbestimmung, zugelassene Waffen

(1) Unmittelbarer Zwang ist die Einwirkung auf Personen oder Sachen durch körperliche Gewalt, durch ihre Hilfsmittel und durch Waffen.

(2) Körperliche Gewalt ist jede unmittelbare körperliche Einwirkung auf Personen oder Sachen.

(3) Hilfsmittel der körperlichen Gewalt sind insbesondere Fesseln, Wasserwerfer, technische Sperren, Diensthunde, Dienstpferde, Dienstfahrzeuge sowie zum Sprengen bestimmte explosionsfähige Stoffe (Sprengmittel).

(4) Als Waffen sind Reiz- oder Betäubungsstoffe, Schlagstock, Pistole, Revolver, Gewehr und Maschinenpistole zugelassen. Andere Waffen können durch Verwaltungsvorschriften zugelassen werden, wenn sie keine größeren Wirkungen als Schusswaffen nach Satz 1 haben.

(5) Wird die Bundespolizei im Lande Hessen zur Unterstützung der Polizeibehörden nach § 102 Abs. 3 in Verbindung mit § 102 Abs. 1 Satz 1 Nr. 2 eingesetzt, so sind für die Bundespolizei auch die in Abs. 4 nicht genannten Waffen, die sie aufgrund Bundesrechts führen darf, zugelas-

sen (besondere Waffen). Die besonderen Waffen dürfen nur nach den Vorschriften dieses Gesetzes eingesetzt werden.

§ 56 Handeln auf Anordnung

(1) Die Polizeivollzugsbeamtinnen und Polizeivollzugsbeamten sind verpflichtet, unmittelbaren Zwang anzuwenden, der von einer oder einem Weisungsberechtigten angeordnet wird. Dies gilt nicht, wenn die Anordnung die Menschenwürde verletzt oder nicht zu dienstlichen Zwecken erteilt worden ist.

(2) Eine Anordnung darf nicht befolgt werden, wenn dadurch eine Straftat begangen würde. Wird die Anordnung trotzdem befolgt, so trifft die Polizeivollzugsbeamtin oder den Polizeivollzugsbeamten eine Schuld nur, wenn sie oder er erkennt oder wenn es nach den ihr oder ihm bekannten Umständen offensichtlich ist, dass dadurch eine Straftat begangen wird.

(3) Bedenken gegen die Rechtmäßigkeit der Anordnung hat die Polizeivollzugsbeamtin oder der Polizeivollzugsbeamte der anordnenden Person gegenüber vorzubringen, soweit dies nach den Umständen möglich ist.

(4) *weggefallen*

§ 57 Hilfeleistung für Verletzte

Wird unmittelbarer Zwang angewendet, ist Verletzten, soweit es nötig ist und die Lage es zulässt, Beistand zu leisten und ärztliche Hilfe zu verschaffen.

§ 58 Androhung unmittelbaren Zwanges

(1) Unmittelbarer Zwang ist vor seiner Anwendung anzudrohen. Von der Androhung kann abgesehen werden, wenn die Umstände dies nicht zulassen, insbesondere wenn die sofortige Anwendung des Zwangsmittels zur Abwehr einer Gefahr notwendig ist. Als Androhung des Schusswaffengebrauchs gilt auch die Abgabe eines Warnschusses.

(2) Schusswaffen dürfen nur dann ohne Androhung gebraucht werden, wenn dies zur Abwehr einer gegenwärtigen Gefahr für Leib oder Leben erforderlich ist.

(3) Gegenüber einer Menschenmenge ist die Anwendung unmittelbaren Zwanges möglichst so rechtzeitig anzudrohen, dass sich Unbeteiligte noch entfernen können. Vor dem Gebrauch von Schusswaffen gegen Personen in einer Menschenmenge ist die Androhung zu wiederholen. Bei Gebrauch von technischen Sperren und Dienstpferden kann von der Androhung abgesehen werden.

§ 59 Fesselung von Personen

Eine Person, gegen die nach diesem Gesetz oder anderen Rechtsvorschriften unmittelbarer Zwang angewendet werden darf, darf gefesselt werden, wenn Tatsachen die Annahme rechtfertigen, dass sie

1. Polizeivollzugsbeamtinnen, Polizeivollzugsbeamte oder Dritte angreifen, Widerstand leisten oder Sachen beschädigen wird,
2. fliehen wird oder befreit werden soll oder
3. sich töten oder verletzen wird.

§ 60 Allgemeine Vorschriften für den Schusswaffengebrauch

(1) Schusswaffen dürfen nur gebraucht werden, wenn andere Maßnahmen des unmittelbaren Zwanges erfolglos angewendet sind oder offensichtlich keinen Erfolg versprechen. Gegen Personen ist ihr Gebrauch nur zulässig, wenn der Zweck nicht durch Schusswaffengebrauch gegen Sachen erreicht werden kann.

(2) Schusswaffen dürfen gegen Personen nur gebraucht werden, um angriffs- oder fluchtunfähig zu machen. Ein Schuss, der mit an Sicherheit grenzender Wahrscheinlichkeit tödlich wirken wird, ist nur zulässig, wenn er das einzige Mittel zur Abwehr einer gegenwärtigen Lebensgefahr oder einer gegenwärtigen Gefahr einer schwerwiegenden Verletzung der körperlichen Unversehrtheit ist.

(3) Gegen Personen, die dem äußeren Eindruck nach noch nicht vierzehn Jahre alt sind, dürfen Schusswaffen nicht gebraucht werden. Dies gilt nicht, wenn der Schusswaffengebrauch das einzige Mittel zur Abwehr einer gegenwärtigen Gefahr für Leib oder Leben ist.

(4) Der Schusswaffengebrauch ist unzulässig, wenn für die Polizeivollzugsbeamtin oder den Polizeivollzugsbeamten erkennbar Unbeteiligte mit hoher Wahrscheinlichkeit gefährdet werden. Dies gilt nicht, wenn der Schusswaffengebrauch das einzige Mittel zur Abwehr einer gegenwärtigen Lebensgefahr ist.

§ 61 Schusswaffengebrauch gegen Personen, Sprengmittel

(1) Schusswaffen dürfen gegen Personen nur gebraucht werden,

1. um eine gegenwärtige Gefahr für Leib oder Leben abzuwehren,
2. um die unmittelbar bevorstehende Begehung oder Fortsetzung eines Verbrechens oder eines Vergehens unter Anwendung oder Mitführung von Schusswaffen oder Explosivmitteln zu verhindern,
3. um eine Person anzuhalten, die sich der Festnahme oder Identitätsfeststellung durch Flucht zu entziehen versucht, wenn sie
   a) eines Verbrechens dringend verdächtig ist oder

b) eines Vergehens dringend verdächtig ist und Tatsachen die Annahme rechtfertigen, dass sie Schusswaffen oder Explosivmittel mit sich führt,

4. zur Vereitelung der Flucht oder zur Ergreifung einer Person, die in amtlichem Gewahrsam zu halten oder ihm zuzuführen ist
   a) aufgrund richterlicher Entscheidung wegen eines Verbrechens oder aufgrund des dringenden Verdachts eines Verbrechens oder
   b) aufgrund richterlicher Entscheidung wegen eines Vergehens oder aufgrund des dringenden Verdachts eines Vergehens, sofern Tatsachen die Annahme rechtfertigen, dass sie Schusswaffen oder Explosivmittel mit sich führt, oder
5. um die gewaltsame Befreiung einer Person aus amtlichem Gewahrsam zu verhindern oder in sonstigen Fällen des § 54 Abs. 3 des Hessischen Strafvollzugsgesetzes vom 28. Juni 2010 (GVBl. I S. 185), zuletzt geändert durch Gesetz vom 3. Mai 2018 (GVBl. S. 82), des § 54 Abs. 3 des Hessischen Sicherungsverwahrungsvollzugsgesetzes vom 5. März 2013 (GVBl. S. 46), geändert durch Gesetz vom 3. Mai 2018 (GVBl. S. 82), des § 39 Abs. 2 des Hessischen Untersuchungshaftvollzugsgesetzes vom 28. Juni 2010 (GVBl. I S. 185, 208), zuletzt geändert durch Gesetz vom 3. Mai 2018 (GVBl. S. 82), sowie des § 53 Abs. 2 des Hessischen Jugendstrafvollzugsgesetzes vom 19. November 2007 (GVBl. I S. 758), zuletzt geändert durch Gesetz vom 3. Mai 2018 (GVBl. S. 82).

(2) Schusswaffen dürfen nach Abs. 1 Nr. 4 nicht gebraucht werden, wenn es sich um den Vollzug eines Jugendarrestes oder eines Strafarrestes handelt oder wenn die Flucht aus einer offenen Anstalt verhindert werden soll.

(3) Sprengmittel dürfen gegen Personen nicht angewendet werden.

§ 62 Schusswaffengebrauch gegen Personen in einer Menschenmenge

(1) Der Schusswaffengebrauch gegen Personen in einer Menschenmenge ist unzulässig, wenn für die Polizeivollzugsbeamtin oder den Polizeivollzugsbeamten erkennbar Unbeteiligte mit hoher Wahrscheinlichkeit gefährdet werden. Dies gilt nicht, wenn der Schusswaffengebrauch das einzige Mittel zur Abwehr einer gegenwärtigen Lebensgefahr ist.

(2) Unbeteiligte sind nicht Personen in einer Menschenmenge, die Gewalttaten begeht oder durch Handlungen erkennbar billigt oder unterstützt, wenn diese Personen sich aus der Menschenmenge trotz wiederholter Androhung nach § 58 Abs. 3 nicht entfernen.

§ 63 Ausübung unmittelbaren Zwanges durch Vollzugsbedienstete

(1) Vollzugsbedienstete, die nicht Polizeivollzugsbeamtinnen oder Polizeivollzugsbeamte sind, und sonstige Personen, denen die Anwendung

unmittelbaren Zwanges gestattet ist (Abs. 2), haben bei der in rechtmäßiger Ausübung ihres Dienstes zulässigen Anwendung unmittelbaren Zwanges nach den Vorschriften dieses Gesetzes zu verfahren, soweit die Anwendung unmittelbaren Zwanges oder die Art und Weise seiner Anwendung nicht in anderen Rechtsvorschriften geregelt ist.

(2) Die Anwendung unmittelbaren Zwanges durch körperliche Gewalt, durch ihre Hilfsmittel oder durch Waffen (§ 55 Abs. 2 bis 4) ist nur

1. Bediensteten bei Forst- und Fischereibehörden, die im Forst- oder Jagdschutz oder bei der Fischereiaufsicht verwendet werden,
2. Personen, denen durch Gesetz zur Erfüllung ihrer besonderen dienstlichen Aufgaben die Rechte und Pflichten von Polizeivollzugsbeamtinnen oder Polizeivollzugsbeamten zuerkannt sind, oder
3. Hilfspolizeibeamtinnen oder Hilfspolizeibeamten nach Maßgabe des § 99 Abs. 2 Satz 2 bis 4, Abs. 4 Nr. 2

gestattet.

(3) Den in Abs. 2 Nr. 1 und 2 genannten Personen ist der Gebrauch von Schusswaffen nur gestattet, wenn sie hierzu besonders ermächtigt sind. Zuständig für die Erteilung der Ermächtigung ist das fachlich zuständige Ministerium im Einvernehmen mit dem Ministerium des Innern. Die Ministerinnen und Minister können die Befugnisse der Ministerien durch Rechtsverordnung auf andere Behörden übertragen.

(4) Die Vorschriften des Fünften Abschnitts sind entsprechend anzuwenden.

FÜNFTER ABSCHNITT

Schadensausgleich, Erstattungs- und Ersatzansprüche

§ 64 Zum Schadensausgleich verpflichtende Tatbestände

(1) Erleidet eine Person infolge einer rechtmäßigen Inanspruchnahme nach § 9 einen Schaden, so ist ihr ein angemessener Ausgleich zu gewähren. Das Gleiche gilt, wenn eine Person durch eine rechtswidrige Maßnahme der Gefahrenabwehr- oder der Polizeibehörden einen Schaden erleidet.

(2) Ein Ersatzanspruch besteht nicht, soweit die Maßnahme zum Schutz der Person oder des Vermögens der geschädigten Person getroffen worden ist.

(3) Der Ausgleich ist auch Personen zu gewähren, die mit Zustimmung der Gefahrenabwehr- oder der Polizeibehörden bei der Wahrnehmung von Aufgaben dieser Behörden freiwillig mitgewirkt oder Sachen zur Verfügung gestellt und dadurch einen Schaden erlitten haben.

(4) Weitergehende Ersatzansprüche, insbesondere aus Amtspflichtverletzung, bleiben unberührt.

§ 65 Inhalt, Art und Umfang des Schadensausgleichs

(1) Der Ausgleich nach § 64 wird grundsätzlich nur für Vermögensschaden gewährt. Für entgangenen Gewinn, der über den Ausfall des gewöhnlichen Verdienstes oder Nutzungsentgeltes hinausgeht, und für Nachteile, die nicht in unmittelbarem Zusammenhang mit der Maßnahme der Gefahrenabwehr- oder der Polizeibehörde stehen, ist ein Ausgleich zu gewähren, wenn und soweit dies zur Abwendung unbilliger Härten geboten erscheint.

(2) Bei einer Verletzung des Körpers oder der Gesundheit oder bei einer Freiheitsentziehung ist auch der Schaden, der nicht Vermögensschaden ist, angemessen auszugleichen.

(3) Der Ausgleich wird in Geld gewährt. Hat die zum Ausgleich verpflichtende Maßnahme die Aufhebung oder Minderung der Erwerbsfähigkeit oder eine Vermehrung der Bedürfnisse oder den Verlust oder die Beeinträchtigung eines Rechtes auf Unterhalt zur Folge, so ist der Ausgleich durch Entrichtung einer Rente zu gewähren. § 760 des Bürgerlichen Gesetzbuches ist anzuwenden. Statt der Rente kann eine Abfindung in Kapital verlangt werden, wenn ein wichtiger Grund vorliegt. Der Anspruch wird nicht dadurch ausgeschlossen, dass eine andere Person der geschädigten Person Unterhalt zu gewähren hat.

(4) Stehen der geschädigten Person Ansprüche gegen Dritte zu, so ist, soweit diese Ansprüche nach Inhalt und Umfang dem Ausgleichsanspruch entsprechen, der Ausgleich nur gegen Abtretung dieser Ansprüche zu gewähren.

(5) Bei der Bemessung des Ausgleichs sind alle Umstände zu berücksichtigen, insbesondere Art und Vorhersehbarkeit des Schadens und ob die geschädigte Person oder ihr Vermögen durch die Maßnahme der Gefahrenabwehr- oder der Polizeibehörden geschützt worden ist. Haben Umstände, die die geschädigte Person zu vertreten hat, auf die Entstehung oder Ausweitung des Schadens eingewirkt, so hängt die Verpflichtung zum Ausgleich sowie der Umfang des Ausgleichs insbesondere davon ab, inwieweit der Schaden vorwiegend von der geschädigten Person oder durch die Gefahrenabwehr- oder die Polizeibehörden verursacht worden ist. § 254 des Bürgerlichen Gesetzbuches gilt entsprechend.

§ 66 Ansprüche mittelbar Geschädigter

(1) Im Falle der Tötung sind die Kosten der Bestattung derjenigen Person auszugleichen, der die Verpflichtung obliegt, diese Kosten zu tragen. Bei der Bemessung des Ausgleichs ist § 65 Abs. 5 entsprechend anzuwenden.

(2) Stand die getötete Person zur Zeit der Verletzung zu einer dritten Person in einem Verhältnis, aufgrund dessen sie dieser gegenüber kraft Gesetzes unterhaltspflichtig war oder unterhaltspflichtig werden

konnte, und ist der dritten Person infolge der Tötung das Recht auf Unterhalt entzogen, so kann die dritte Person insoweit einen angemessenen Ausgleich verlangen, als die getötete Person während der mutmaßlichen Dauer ihres Lebens zur Gewährung des Unterhalts verpflichtet gewesen wäre. § 65 Abs. 3 Satz 3 bis 5 und Abs. 5 ist entsprechend anzuwenden. Der Ausgleich kann auch dann verlangt werden, wenn die dritte Person zur Zeit der Verletzung gezeugt, aber noch nicht geboren war.

§ 67 Verjährung des Ausgleichsanspruchs

Der Anspruch auf den Ausgleich verjährt in drei Jahren. § 199 des Bürgerlichen Gesetzbuchs gilt entsprechend.

§ 68 Ausgleichspflicht, Erstattungsansprüche

(1) Ausgleichspflichtig ist die Körperschaft, in deren Dienst die Bedienstete oder der Bedienstete steht, die oder der die Maßnahme getroffen hat (Anstellungskörperschaft).

(2) Hat die Bedienstete oder der Bedienstete für die Behörde einer anderen Körperschaft gehandelt, so ist die andere Körperschaft ausgleichspflichtig.

(3) Ist in den Fällen des Abs. 2 ein Ausgleich nur wegen der Art und Weise der Durchführung der Maßnahme zu gewähren, so kann die ausgleichspflichtige Körperschaft von der Anstellungskörperschaft Erstattung ihrer Aufwendungen verlangen, es sei denn, dass sie selbst die Verantwortung für die Art und Weise der Durchführung trägt.

§ 69 Rückgriff gegen Verantwortliche

(1) Die nach § 68 ausgleichspflichtige Körperschaft kann von den nach den §§ 6 oder 7 Verantwortlichen Ersatz ihrer Aufwendungen verlangen, wenn sie aufgrund des § 64 Abs. 1 Satz 1 oder Abs. 3 einen Ausgleich gewährt hat.

(2) Sind mehrere Personen nebeneinander verantwortlich, so haften sie gesamtschuldnerisch.

§ 70 Rechtsweg

Für Ansprüche auf Schadensausgleich ist der ordentliche Rechtsweg, für die Ansprüche auf Erstattung und Ersatz von Aufwendungen nach § 68 Abs. 3 oder § 69 der Verwaltungsrechtsweg gegeben.

SECHSTER ABSCHNITT
Gefahrenabwehrverordnungen

§ 71 Allgemeines

Gefahrenabwehrverordnungen enthalten Gebote oder Verbote, die für eine unbestimmte Anzahl von Fällen an eine unbestimmte Anzahl von Personen gerichtet und die zur Gefahrenabwehr erforderlich sind.

§ 71a Gefahrenabwehrverordnungen Hunde, Haftpflichtversicherung

(1) Gefahrenabwehrverordnungen können auch Gebote und Verbote zur Vorsorge gegen die von Hunden ausgehenden Gefahren für Menschen und Tiere enthalten und insbesondere die Vermehrung von Hunden untersagen. Zu diesem Zweck können sie Rassen und Gruppen von Hunden und deren Kreuzungen bestimmen, bei denen aufgrund von statistischen Erhebungen, Erfahrungen, rassenspezifischen Merkmalen, Zucht, Haltung, Ausbildung oder Abrichtung eine über das natürliche Maß hinausgehende Kampfbereitschaft, Angriffslust, Schärfe oder aufgrund einer anderen in ihrer Wirkung vergleichbaren menschen- oder tiergefährdenden Eigenschaft eine Gefährlichkeit vermutet wird. In diesen Gefahrenabwehrverordnungen können auch Kenntnisse und Fähigkeiten zur Haltung und zum Führen von Hunden verlangt sowie eine elektronisch lesbare Kennzeichnung und Registrierung, mit der auch Dritte beauftragt werden können, vorgeschrieben werden.

(2) Die Halterin oder der Halter eines erlaubnispflichtigen Hundes im Sinne einer Gefahrenabwehrverordnung ist verpflichtet, eine Haftpflichtversicherung über mindestens 500000 Euro abzuschließen und aufrecht zu erhalten, die den Schaden abdeckt, der durch den erlaubnispflichtigen Hund verursacht worden ist und nach gesetzlichen Vorschriften einer dritten Person zu erstatten ist.

§ 72 Gefahrenabwehrverordnungen der Ministerinnen, Minister und Regierungspräsidien

(1) Die Ministerin oder der Minister des Innern und für Sport und im Benehmen mit ihr oder ihm die zuständigen Ministerinnen und Minister können Gefahrenabwehrverordnungen für das ganze Land oder Teile des Landes, die über das Gebiet eines Regierungspräsidiums hinausgehen, erlassen.

(2) Die Regierungspräsidien können Gefahrenabwehrverordnungen für den gesamten Regierungsbezirk oder Teile ihres Regierungsbezirks, die über das Gebiet eines Landkreises oder einer kreisfreien Stadt hinausgehen, erlassen.

§ 73 Gefahrenabwehrverordnungen der Landkreise

Die Landkreise können Gefahrenabwehrverordnungen für den ganzen Kreis oder mehrere kreisangehörige Gemeinden erlassen. Die Gefahrenabwehrverordnungen der Landkreise werden vom Kreistag beschlossen. Vor dem Erlass einer Gefahrenabwehrverordnung für mehrere kreisangehörige Gemeinden sind diese zu hören.

§ 74 Gefahrenabwehrverordnungen der Gemeinden

Die Gemeinden können für ihr Gebiet Gefahrenabwehrverordnungen erlassen. Die Gefahrenabwehrverordnungen werden von der Gemeindevertretung beschlossen.

§ 75 Verbot des Widerspruchs zu anderen Rechtsvorschriften

(1) Gefahrenabwehrverordnungen dürfen keine Bestimmungen enthalten, die zu Gesetzen oder Rechtsverordnungen in Widerspruch stehen. Gefahrenabwehrverordnungen der Gemeinden dürfen keine Bestimmungen enthalten, die in Widerspruch zu den Gefahrenabwehrverordnungen der Ministerinnen und der Minister, des Regierungspräsidiums oder des Landkreises stehen. Entsprechendes gilt für die Gefahrenabwehrverordnungen der Regierungspräsidien und der Landkreise.

(2) Ist eine Angelegenheit durch Gefahrenabwehrverordnung einer Ministerin oder eines Ministers geregelt, so darf sie nur insoweit durch Gefahrenabwehrverordnung eines Regierungspräsidiums, eines Landkreises oder einer Gemeinde ergänzend geregelt werden, als die Gefahrenabwehrverordnung der Ministerin oder des Ministers dies ausdrücklich zulässt. Entsprechendes gilt für die Gefahrenabwehrverordnungen der Regierungspräsidien und der Landkreise.

§ 76 Inhalt

(1) Gefahrenabwehrverordnungen müssen in ihrem Inhalt bestimmt sein. Hinweise auf Anordnungen außerhalb von Gefahrenabwehrverordnungen sind unzulässig, soweit diese Anordnungen Gebote oder Verbote von unbeschränkter Dauer enthalten.

(2) Soweit Gefahrenabwehrverordnungen, deren Geltungsbereich sich über das gesamte Gebiet des Landes erstreckt, bauliche sowie sonstige technische Anlagen oder Geräte betreffen, kann in ihnen hinsichtlich der technischen Vorschriften auf Bekanntmachungen besonderer sachverständiger Stellen verwiesen werden. Die Art der Veröffentlichung dieser Bekanntmachungen ist zu bestimmen. Auf die Art der Veröffentlichung ist im Staatsanzeiger für das Land Hessen hinzuweisen.

§ 77 Ordnungswidrigkeiten

(1) Ordnungswidrig handelt, wer vorsätzlich oder fahrlässig den Geboten oder Verboten einer aufgrund dieses Gesetzes erlassenen Gefahrenabwehrverordnung zuwiderhandelt, soweit die Gefahrenabwehrverordnung für einen bestimmten Tatbestand auf diese Bußgeldvorschrift verweist.

(2) Die Ordnungswidrigkeit kann mit einer Geldbuße bis zu fünftausend Euro geahndet werden. Ist eine Ordnungswidrigkeit nach Abs. 1 begangen worden, so können

1. Gegenstände, auf die sich die Ordnungswidrigkeit bezieht, und
2. Gegenstände, die zu ihrer Begehung oder Vorbereitung gebraucht worden oder bestimmt gewesen sind,

eingezogen werden, soweit die Gefahrenabwehrverordnung für einen bestimmten Tatbestand auf diese Bestimmung verweist. § 23 des Gesetzes über Ordnungswidrigkeiten ist anzuwenden.

(3) Verwaltungsbehörde im Sinne des § 36 Abs. 1 Nr. 1 des Gesetzes über Ordnungswidrigkeiten ist die örtliche Ordnungsbehörde. Für Gefahrenabwehrverordnungen, die die Ministerin oder der Minister des Innern oder eine andere Ministerin oder ein anderer Minister erlässt, kann eine hiervon abweichende Zuständigkeitsregelung nach § 36 Abs. 2 des Gesetzes über Ordnungswidrigkeiten getroffen werden.

§ 78 Formerfordernisse

Gefahrenabwehrverordnungen müssen

1. eine ihren Inhalt kennzeichnende Überschrift tragen,
2. in der Überschrift als Gefahrenabwehrverordnung bezeichnet werden,
3. sich im Eingang auf dieses Gesetz beziehen; handelt es sich um eine Gefahrenabwehrverordnung, die aufgrund eines besonderen Gesetzes erlassen werden darf, so ist auch auf dieses Bezug zu nehmen,
4. den örtlichen Geltungsbereich bezeichnen,
5. soweit die Zustimmung oder Anhörung anderer Stellen gesetzlich vorgeschrieben ist, die Stellen angeben, mit deren Zustimmung oder nach deren Anhörung sie erlassen sind,
6. im Falle der Androhung einer Geldbuße den Höchstbetrag angeben und auf § 77 Abs. 1 verweisen,
7. den Zeitpunkt des Erlasses und des In-Kraft-Tretens angeben,
8. die Stelle bezeichnen, die die Verordnung erlässt.

§ 79 Geltungsdauer

Gefahrenabwehrverordnungen sollen eine Beschränkung ihrer Geltungsdauer enthalten. Die Geltung darf nicht über dreißig Jahre hinaus erstreckt werden. Gefahrenabwehrverordnungen, die keine Beschränkung der Geltungsdauer enthalten, treten dreißig Jahre nach ihrem In-Kraft-Treten außer Kraft.

§ 80 Wirkung von Gebietsänderungen

(1) Wird ein Regierungsbezirk, das Gebiet eines Landkreises oder einer Gemeinde durch Eingliederung neuer Gebietsteile erweitert, so werden die in dem ursprünglichen Bezirk oder Gebiet geltenden Gefahrenabwehrverordnungen mit der Erweiterung in den neu eingegliederten Gebietsteilen wirksam. Die in den eingegliederten Teilen geltenden Gefahrenabwehrverordnungen treten außer Kraft.

(2) Werden aus Regierungsbezirken, den Gebieten von Landkreisen oder Gemeinden oder Teilen von ihnen ein neuer Regierungsbezirk, ein neuer Landkreis oder eine neue Gemeinde gebildet, so treten die in den einzelnen Teilen geltenden Gefahrenabwehrverordnungen zwei Jahre nach der Neubildung außer Kraft.

(3) Die in Abs. 1 und 2 getroffenen Regelungen gelten nur, soweit andere Rechtsvorschriften nichts Abweichendes bestimmen.

ZWEITER TEIL
Organisation und Zuständigkeiten

ERSTER ABSCHNITT
Allgemeines

§ 81 Gefahrenabwehr als staatliche Aufgabe

Die Gefahrenabwehr ist Angelegenheit des Landes, soweit andere Rechtsvorschriften nichts Abweichendes bestimmen.

ZWEITER ABSCHNITT
Gefahrenabwehrbehörden

ERSTER TITEL
Behörden der allgemeinen Verwaltung

§ 82 Aufgaben zur Erfüllung nach Weisung

(1) Aufgaben der Gefahrenabwehr, die nach § 2 Satz 2 und 3 von den Landkreisen und Gemeinden wahrgenommen werden, sind Aufgaben

zur Erfüllung nach Weisung im Sinne von § 4 Abs. 1 der Hessischen Landkreisordnung und § 4 Abs. 1 der Hessischen Gemeindeordnung; dies gilt auch für die damit im Zusammenhang stehenden Aufgaben der Verfolgung und Ahndung von Ordnungswidrigkeiten. Sie können in gemeinsamen örtlichen Verwaltungsbehördenbezirken und Kreisverwaltungsbehördenbezirken wahrgenommen werden; § 85 Abs. 2 und 3 sowie § 106 Abs. 1 Nr. 4 gelten entsprechend.

(2) Unberührt bleiben die Rechtsvorschriften über die Zuweisung von Zuständigkeiten an die Landkreise und Gemeinden; soweit nichts anderes bestimmt ist, ist der Gemeindevorstand sachlich zuständig. Unberührt bleiben ferner die allgemeinen Vorschriften der Hessischen Landkreisordnung und der Hessischen Gemeindeordnung über die Zuständigkeit des Kreistags und der Gemeindevertretung. Die Landesregierung wird ermächtigt, die Zuständigkeiten des Kreisausschusses und des Gemeindevorstandes durch Rechtsverordnung neu gegeneinander abzugrenzen.

§ 83 Aufsichtsbehörden, Aufsicht

(1) Aufsichtsbehörden der Landkreise und Gemeinden sind, soweit sie Aufgaben der Gefahrenabwehr oder damit im Zusammenhang stehende Aufgaben der Verfolgung und Ahndung von Ordnungswidrigkeiten erfüllen und in besonderen Rechtsvorschriften nichts anderes bestimmt ist,

1. für die Landkreise, kreisfreien Städte und Sonderstatus-Städte nach § 4a Abs. 2 der Hessischen Gemeindeordnung das Regierungspräsidium und die zuständigen Ministerien,
2. für die übrigen Gemeinden der Landrat, das Regierungspräsidium und die zuständigen Ministerien.

(2) Für die Aufsicht im Übrigen gelten die Vorschriften des § 54 der Hessischen Landkreisordnung und des Siebenten Teils der Hessischen Gemeindeordnung.

(3) Die zunächst zuständige Aufsichtsbehörde nach Abs. 1 Nr. 2 ist zugleich nächsthöhere Behörde im Sinne von § 73 Abs. 1 Satz 2 Nr. 1 der Verwaltungsgerichtsordnung.

§ 84 Weisungsbefugnisse

Die Aufsichtsbehörden können den Kreisausschüssen und Gemeindevorständen allgemeine Weisungen erteilen. Im Einzelfall können Weisungen erteilt werden, wenn die Aufgaben der Gefahrenabwehr nicht im Einklang mit den Gesetzen erfüllt oder die erteilten allgemeinen Weisungen nicht befolgt werden.

ZWEITER TITEL
Ordnungsbehörden

§ 85 Allgemeine Ordnungsbehörden

(1) Allgemeine Ordnungsbehörden sind

1. die fachlich zuständigen Ministerien als Landesordnungsbehörden,
2. die Regierungspräsidien als Bezirksordnungsbehörden,
3. die Landräte in den Landkreisen und die Oberbürgermeister in kreisfreien Städten als Kreisordnungsbehörden,
4. die Bürgermeister (Oberbürgermeister) als örtliche Ordnungsbehörden.

Aufgaben der Gefahrenabwehr, die von den Landräten und Bürgermeistern (Oberbürgermeistern) wahrzunehmen sind, sind Auftragsangelegenheiten im Sinne des § 4 Abs. 2 der Hessischen Gemeindeordnung und des § 4 Abs. 2 der Hessischen Landkreisordnung.

(2) Die Regierungspräsidien können nach deren Anhörung Gemeinden eines Landkreises sowie eine angrenzende kreisfreie Stadt oder Gemeinden des benachbarten Landkreises mit deren Zustimmung zu einem gemeinsamen örtlichen Ordnungsbehördenbezirk zusammenfassen, in dem die Aufgaben der örtlichen Ordnungsbehörde ganz oder teilweise durch den Bürgermeister (Oberbürgermeister) einer dieser Gemeinden für den gemeinsamen örtlichen Ordnungsbehördenbezirk zu erfüllen sind. Die Anordnung ist im Staatsanzeiger für das Land Hessen zu veröffentlichen.

(3) Die Regierungspräsidien können nach Anhörung der beteiligten kreisfreien Städte und Landräte benachbarte Kreisordnungsbehörden zu einem gemeinsamen Kreisordnungsbehördenbezirk zusammenfassen, in dem die Aufgaben der Kreisordnungsbehörden ganz oder teilweise durch einen Oberbürgermeister oder einen Landrat für den gemeinsamen Kreisordnungsbehördenbezirk zu erfüllen sind. Satz 1 gilt entsprechend für die Zusammenfassung von kreisfreien Städten und Landräten mit Sonderstatus-Städten nach § 4a Abs. 2 der Hessischen Gemeindeordnung zu gemeinsamen Ordnungsbehördenbezirken. Abs. 2 Satz 2 gilt entsprechend.

(4) Für die Erfüllung ihrer Aufgaben als Ordnungsbehörde können der Bürgermeister (Oberbürgermeister) hauptamtliche Beigeordnete sowie der Landrat hauptamtliche Kreisbeigeordnete zu ihren ständigen Vertretern bestimmen. Diese werden auch bei Anwesenheit des Bürgermeisters (Oberbürgermeisters) oder des Landrats an deren Stelle tätig, soweit diese sich nicht vorbehalten, selbst tätig zu werden. Die hauptamtlichen Beigeordneten sind dem Bürgermeister (Oberbürgermeister) sowie die hauptamtlichen Kreisbeigeordneten dem Landrat für die ord-

nungsgemäße Erfüllung der Aufgaben verantwortlich. Die Bestellung der ständigen Vertreter kann jederzeit widerrufen werden.

§ 86 Aufsichtsbehörden, Aufsicht

(1) Aufsichtsbehörden sind

1. für die Bezirksordnungsbehörden die zuständigen Ministerien,
2. für die Kreisordnungsbehörden, die örtlichen Ordnungsbehörden in kreisfreien Städten und in Sonderstatus-Städten nach § 4a Abs. 2 der Hessischen Gemeindeordnung das Regierungspräsidium und die zuständigen Ministerien,
3. für die örtlichen Ordnungsbehörden in den übrigen Gemeinden der Landrat, das Regierungspräsidium und die zuständigen Ministerien.

(2) Das Ministerium des Innern übt im Benehmen mit dem fachlich zuständigen Ministerium die Dienstaufsicht aus.

(3) Die fachlich zuständigen Ministerien üben die Fachaufsicht aus.

(4) Die übrigen Aufsichtsbehörden üben die Dienst- und die Fachaufsicht aus.

(5) Die zunächst zuständige Aufsichtsbehörde nach Abs. 1 Nr. 3 ist zugleich nächsthöhere Behörde im Sinne von § 73 Abs. 1 Satz 2 Nr. 1 der Verwaltungsgerichtsordnung.

§ 87 Weisungsbefugnisse, Unterrichtungspflichten

(1) Die Aufsichtsbehörden können innerhalb ihrer Zuständigkeit den ihrer Aufsicht unterstellten allgemeinen Ordnungsbehörden Weisungen auch für den Einzelfall erteilen.

(2) Die allgemeinen Ordnungsbehörden unterrichten die zuständige Aufsichtsbehörde unverzüglich über wichtige Ereignisse auf dem Gebiet der Gefahrenabwehr.

§ 88 Selbsteintritt

(1) Die Aufsichtsbehörden können, wenn es den Umständen nach erforderlich ist, die Befugnisse der ihnen nachgeordneten oder ihrer Aufsicht unterstehenden allgemeinen Ordnungsbehörden ausüben; diese können bei gegenwärtiger Gefahr die Befugnisse der übergeordneten allgemeinen Ordnungsbehörden ausüben. Die zuständige allgemeine Ordnungsbehörde ist unverzüglich zu unterrichten.

(2) Die allgemeinen Ordnungsbehörden können in eigener Zuständigkeit die erforderlichen unaufschiebbaren Maßnahmen treffen, wenn andere Behörden, die Aufgaben der Gefahrenabwehr zu erfüllen haben, nicht oder nicht rechtzeitig tätig werden können. Diese Behörden sind unverzüglich zu unterrichten. Auf deren Verlangen haben die allgemeinen Ordnungsbehörden ihre Maßnahmen aufzuheben.

§ 89 Sachliche Zuständigkeit

(1) Die Landesregierung bestimmt durch Rechtsverordnung, welche Aufgaben der Gefahrenabwehr durch die allgemeinen Ordnungsbehörden erfüllt werden. Besondere Rechtsvorschriften, die den allgemeinen Ordnungsbehörden Aufgaben der Gefahrenabwehr zuweisen, bleiben unberührt. Die für die Kampfmittelbeseitigung zuständige Behörde kann einen Dritten mit der Erfüllung dieser Aufgabe beauftragen. Die Verantwortlichkeit der zuständigen Behörde für die Erfüllung der Pflichten bleibt hiervon unberührt.

(2) Soweit durch Rechtsvorschrift keine andere allgemeine Ordnungsbehörde als zuständig bestimmt ist, sind die örtlichen Ordnungsbehörden sachlich zuständig. Die Rechtsvorschriften über die Zuweisung der Zuständigkeiten an die allgemeinen Ordnungsbehörden der verschiedenen Verwaltungsstufen bleiben unberührt.

(3) Die Landesregierung wird ermächtigt, im Einvernehmen mit den fachlich zuständigen Ministerinnen oder Ministern die Zuweisung der Zuständigkeiten zwischen den Verwaltungsstufen durch Rechtsverordnung neu gegeneinander abzugrenzen.

§ 90 Sonderordnungsbehörden

Sonderordnungsbehörden sind Behörden außerhalb der allgemeinen Verwaltung, denen durch besondere Rechtsvorschriften Aufgaben der Gefahrenabwehr zugewiesen sind. Sie bleiben in ihrer Organisation und besonderen Zuständigkeit unberührt. Abweichend von Satz 1 können auch Ministerien Sonderordnungsbehörden sein.

DRITTER ABSCHNITT

Polizeibehörden

§ 91 Polizeibehörden

(1) Die polizeilichen Aufgaben werden von Polizeibehörden des Landes wahrgenommen.

(2) Es sind

1. oberste Polizeibehörde das Ministerium des Innern und für Sport als Landespolizeipräsidium,
2. Polizeibehörden
   a) die Polizeipräsidien,
   b) das Hessische Landeskriminalamt,
   c) das Hessische Bereitschaftspolizeipräsidium,
   d) das Hessische Polizeipräsidium für Technik,

e) die Hessische Hochschule für öffentliches Management und Sicherheit, soweit sie Aufgaben nach § 95 Abs. 2 wahrnimmt.

(3) Die Leiterinnen und Leiter der Polizeibehörden sind polizeiliche Vorgesetzte der ihnen zugewiesenen Polizeivollzugsbeamtinnen und Polizeivollzugsbeamten. Sie bestimmen die polizeiliche Maßnahme sowie die Art und Weise ihrer Durchführung.

(4) Die Ministerin oder der Minister des Innern wird ermächtigt, durch Rechtsverordnung Polizeibehörden zu errichten oder aufzulösen sowie Teile von Polizeibehörden einzugliedern oder zu einer neuen Behörde zusammenzufassen.

§ 92 Hessisches Landeskriminalamt

(1) Das Hessische Landeskriminalamt ist die zentrale Dienststelle der Kriminalpolizei des Landes im Sinne von § 1 Abs. 2 Satz 1 und die zuständige Landesbehörde für den Geschäftsbereich des für die Polizei zuständigen Ministeriums im Sinne von § 4 Abs. 2 Satz 1 Nr. 1 und § 17 Abs. 1 Satz 1 des Bundeskriminalamtgesetzes.

(2) Dem Hessischen Landeskriminalamt obliegt die Bearbeitung von Strafsachen, wenn die Ministerin oder der Minister des Innern und für Sport es allgemein durch Rechtsverordnung oder das Ministerium des Innern und für Sport aus besonderen Gründen im Einzelfall anordnen. Es kann Strafsachen selbst bearbeiten, wenn die zuständige Polizeibehörde darum ersucht oder es dies wegen der Bedeutung der Tat für erforderlich hält. Es ist ferner für die fachliche Ausbildung der Nachwuchsbeamtinnen und Nachwuchsbeamten der Polizei zuständig, soweit diese nicht anderen Stellen übertragen wird.

(3) Dem Hessischen Landeskriminalamt obliegt die Gefahrenabwehr einschließlich der vorbeugenden Bekämpfung von Straftaten, soweit es in Strafverfahren tätig wird oder es im Falle der Tatbegehung die polizeilichen Ermittlungen übernehmen könnte und ein eigenes Tätigwerden für geboten hält.

(4) Reichen die Kräfte einer Polizeibehörde zur Durchführung einer Maßnahme der Kriminalitätsbekämpfung nicht aus, so kann das Hessische Landeskriminalamt unter seiner Leitung Bedienstete zur Durchführung dieser Maßnahme zusammenfassen.

§ 93 Hessisches Bereitschaftspolizeipräsidium

(1) Dem Hessischen Bereitschaftspolizeipräsidium obliegt als Bereitschaftspolizei die Unterstützung der Polizeibehörden, insbesondere bei geschlossenen Einsätzen. Es ist ferner für die fachliche und technische Ausbildung der Nachwuchsbeamtinnen und Nachwuchsbeamten der Polizei zuständig, soweit diese nicht anderen Stellen übertragen wird.

(2) Dem Hessischen Bereitschaftspolizeipräsidium obliegt als Wasserschutzpolizei die Erfüllung polizeilicher Aufgaben auf Wasserflächen, die in erheblichem Umfang mit Wasserfahrzeugen befahren werden oder auf denen Güterumschlag betrieben wird, einschließlich Wasserbauwerken, Werften, Kai- und Umschlaganlagen.

§ 94 Polizeipräsidien

Die Polizeipräsidien erfüllen in ihren Dienstbereichen die polizeilichen Aufgaben, soweit sie nicht durch Gesetz oder aufgrund eines Gesetzes anderen Polizeibehörden zugewiesen sind. Sie sind ferner für die fachliche Ausbildung der Nachwuchsbeamtinnen und Nachwuchsbeamten der Polizei zuständig, soweit diese nicht anderen Stellen übertragen wird.

§ 95 Hessisches Polizeipräsidium für Technik, Hessische Hochschule für öffentliches Management und Sicherheit

(1) Das Hessische Polizeipräsidium für Technik ist

1. zentrale Dienststelle für
   a) die polizeiliche Informations- und Kommunikationstechnik sowie die sonstige Einsatztechnik,
   b) die Ausstattung, Beschaffung und Verwaltung,
2. Landeskoordinierungsstelle und Autorisierte Stelle für den Digitalfunk der Behörden und Organisationen mit Sicherheitsaufgaben in Hessen.

Ihm obliegt die Abwehr von Gefahren für die Verfügbarkeit der Digitalfunkversorgung der Behörden und Organisationen mit Sicherheitsaufgaben in Hessen. Es kann den Behörden und Organisationen mit Sicherheitsaufgaben, die an dem Digitalfunk in seinem Netzabschnitt teilnehmen, die für den Betrieb erforderlichen technischen Weisungen, die zur Aufrechterhaltung der Funktionsfähigkeit des Digitalfunknetzes notwendig sind, auch für den Einzelfall erteilen.

(2) Die Hessische Hochschule für öffentliches Management und Sicherheit nimmt folgende Aufgaben wahr:

1. die polizeiliche Aus- und Fortbildung aller Polizeibediensteten des Landes bis auf die berufliche Grundqualifizierung des gehobenen Dienstes,
2. das Nachwuchsmanagement und die Einstellung von Polizeianwärterinnen und -anwärtern,
3. die Beratung und Unterstützung der Polizeibehörden,
4. die Leistung polizeipsychologischer Dienste,
5. die Mitwirkung bei der Fortentwicklung polizeilicher Führungs- und Einsatzmittel,

6. die Verantwortlichkeit für die Koordinierung und Durchführung internationaler polizeilicher Ausbildungs- und Ausstattungshilfe.

§ 96 Dienst- und Fachaufsicht

(1) Dem Landespolizeipräsidium sind die anderen Polizeibehörden unmittelbar nachgeordnet. Es übt die Dienst- und Fachaufsicht aus. Die Dienst- und Fachaufsicht über die Hessische Hochschule für öffentliches Management und Sicherheit wird durch das Landespolizeipräsidium nur ausgeübt, soweit diese Aufgaben nach § 95 Abs. 2 als Polizeibehörde wahrnimmt. Die innerbehördliche Dienst- und Fachaufsicht bleibt unberührt.

(2) Das Hessische Landeskriminalamt übt die Fachaufsicht über die dem Landespolizeipräsidium nachgeordneten Polizeibehörden aus, soweit diese Aufgaben der Kriminalitätsbekämpfung zu erfüllen haben. Das Hessische Landeskriminalamt kann, soweit ihm die Fachaufsicht zusteht, die erforderlichen Weisungen auch für den Einzelfall erteilen. Die Dienst- und Fachaufsicht des Landespolizeipräsidiums bleibt unberührt.

§ 97 Weisungsbefugnisse, Unterrichtungspflichten

(1) Das Landespolizeipräsidium kann den ihm nachgeordneten Polizeibehörden, der Hessischen Hochschule für öffentliches Management und Sicherheit, soweit sie Aufgaben nach § 95 Abs. 2 wahrnimmt, Weisungen auch für den Einzelfall erteilen.

(2) Die Polizeibehörden unterrichten, die Hessische Hochschule für öffentliches Management und Sicherheit, soweit sie Aufgaben nach § 95 Abs. 2 wahrnimmt, unterrichtet im Rahmen ihrer Zuständigkeit die zur Erteilung von Weisungen befugten Behörden unverzüglich über wichtige Ereignisse. Die Polizeipräsidien sind ferner verpflichtet, die zuständige örtliche Ordnungsbehörde oder Kreisordnungsbehörde unverzüglich über wichtige polizeiliche Ereignisse zu unterrichten.

§ 98 Ermächtigung

(1) Die Ministerin oder der Minister des Innern wird ermächtigt, durch Rechtsverordnung zu regeln

1. die Organisation sowie die Zuständigkeit und die Zusammenarbeit der Dienstzweige und der Polizeibehörden,
2. die Zuständigkeit für die Erhebung von Kosten der Polizeibehörden nach diesem Gesetz oder anderen Vorschriften des Verwaltungskostenrechts.

(2) Beamtinnen und Beamte der Schutzpolizei, der Bereitschaftspolizei und der Wasserschutzpolizei sind grundsätzlich verpflichtet, wäh-

rend des Dienstes Dienstkleidung zu tragen. Die polizeilichen Vorgesetzten können im Einzelfall aus besonderen Gründen etwas anderes anordnen.

§ 99 Hilfspolizeibeamtinnen und Hilfspolizeibeamte

(1) Zur Wahrnehmung bestimmter Aufgaben der Gefahrenabwehr oder zur hilfsweisen Wahrnehmung bestimmter polizeilicher Aufgaben können Hilfspolizeibeamtinnen und Hilfspolizeibeamte bestellt werden; in den Landkreisen und Gemeinden können sie die Bezeichnung Ordnungspolizeibeamtin oder Ordnungspolizeibeamter führen. Die Bestellung ist widerruflich.

(2) Hilfspolizeibeamtinnen und Hilfspolizeibeamte haben im Rahmen ihrer Aufgaben die Befugnisse von Polizeivollzugsbeamtinnen und Polizeivollzugsbeamten. Zur Anwendung unmittelbaren Zwanges durch Hilfsmittel der körperlichen Gewalt oder durch Waffen (§ 55 Abs. 3 und 4) sind sie nur befugt, wenn sie hierzu ermächtigt werden. Soweit die Ermächtigung nicht durch Rechtsverordnung erfolgt, kann sie mit der Bestellung zur Hilfspolizeibeamtin oder zum Hilfspolizeibeamten oder zu einem späteren Zeitpunkt vorgenommen werden. Die Ermächtigung ist widerruflich.

(3) Zu Hilfspolizeibeamtinnen und Hilfspolizeibeamten können bestellen

1. die kreisfreien Städte und Landkreise eigene Bedienstete,
2. die Polizeibehörden eigene Bedienstete,
3. die Landräte eigene Bedienstete und Bedienstete kreisangehöriger Gemeinden,
4. die Regierungspräsidien
   a) Bedienstete sonstiger Körperschaften oder Anstalten des öffentlichen Rechts,
   b) Privatforstbedienstete, die als Forstschutzbedienstete amtlich bestätigt worden sind, und, soweit in sonstigen Rechtsvorschriften nichts anderes bestimmt ist, Bedienstete von Unternehmen, die dem öffentlichen Verkehr dienen,
   c) amtlich verpflichtete Fischereiaufseherinnen und Fischereiaufseher,
   d) sonstige Bedienstete des Landes,
   e) andere Personen.

Bestellungen von Bediensteten kreisangehöriger Gemeinden sowie Bestellungen nach Satz 1 Nr. 4 Buchst. a bis c erfolgen auf Antrag.

(4) Die Ministerin oder der Minister des Innern kann durch Rechtsverordnung

1. bestimmen, dass Bedienstete der Gemeinden, sonstiger Körperschaften oder von Anstalten des öffentlichen Rechts sowie Bedienstete des Landes zur Wahrnehmung bestimmter Aufgaben der Gefahrenabwehr oder zur hilfsweisen Wahrnehmung bestimmter polizeilicher Aufgaben allgemein Hilfspolizeibeamtinnen und Hilfspolizeibeamte sind,
2. Hilfspolizeibeamtinnen und Hilfspolizeibeamte zur Anwendung unmittelbaren Zwanges durch Hilfsmittel der körperlichen Gewalt oder durch Waffen (§ 55 Abs. 3 und 4) ermächtigen,
3. die Zusammenarbeit der Hilfspolizeibeamtinnen und Hilfspolizeibeamten mit den Polizeibehörden und die Ausbildung der Hilfspolizeibeamtinnen und Hilfspolizeibeamten regeln, soweit dies nicht in Laufbahnvorschriften festgelegt ist.

(5) Das Hessische Berufsqualifikationsfeststellungsgesetz vom 12. Dezember 2012 (GVBl. S. 581), zuletzt geändert durch Gesetz vom 5. Oktober 2017 (GVBl. S. 294), findet keine Anwendung.

VIERTER ABSCHNITT

Örtliche Zuständigkeit

§ 100 Zuständigkeit der Gefahrenabwehrbehörden

(1) Die örtliche Zuständigkeit der Gefahrenabwehrbehörden ist auf ihren Amtsbereich beschränkt. Zuständig ist die Behörde, in deren Amtsbereich eine Aufgabe der Gefahrenabwehr wahrzunehmen ist.

(2) Die nach Abs. 1 zuständige Behörde kann eine Maßnahme der Gefahrenabwehr auch in einem anderen Amtsbereich treffen

1. bei Gefahr im Verzuge,
2. zur Fortsetzung einer in ihrem Amtsbereich begonnenen Maßnahme oder
3. mit Zustimmung der für den anderen Amtsbereich zuständigen Behörde, wenn die Wahrnehmung von Aufgaben die Maßnahme in dem anderen Amtsbereich erfordert.

In den Fällen des Satz 1 Nr. 1 und 2 unterrichtet sie unverzüglich die für den anderen Amtsbereich zuständige Behörde.

(3) Bedienstete einer Gefahrenabwehrbehörde können mit Zustimmung der zuständigen Gefahrenabwehrbehörde Amtshandlungen in einem anderen Amtsbereich vornehmen. Ihre Maßnahmen gelten als Maßnahmen derjenigen Gefahrenabwehrbehörde, in deren örtlichem und sachlichem Zuständigkeitsbereich sie tätig geworden sind; sie unterliegen insoweit deren Weisungen.

(4) Kann eine Aufgabe der Gefahrenabwehr zweckmäßig nur einheitlich geregelt werden, so bestimmt die übergeordnete Behörde die zuständige Behörde.

§ 101 Zuständigkeit der Polizeibehörden

(1) Die Polizeibehörden sind im ganzen Landesgebiet zuständig. Die Polizeipräsidien und das Hessische Bereitschaftspolizeipräsidium als Wasserschutzpolizei sollen in der Regel in ihrem Dienstbereich tätig werden.

(2) Polizeibehörden, Polizeivollzugsbeamtinnen und Polizeivollzugsbeamte können auch für andere Polizeibehörden insbesondere tätig werden

1. zur Abwehr einer gegenwärtigen Gefahr,
2. zur Verfolgung von Straftaten oder Ordnungswidrigkeiten, insbesondere auch zur Vernehmung von beschuldigten Personen, betroffenen Personen, Zeuginnen oder Zeugen,
3. zur Verfolgung und Wiederergreifung entwichener Personen oder
4. auf Weisung, auf Anforderung oder mit Zustimmung einer zuständigen Stelle.

Die nach Abs. 1 Satz 2 zuständigen Polizeibehörden sind unverzüglich zu unterrichten.

(3) Den Polizeipräsidien und dem Hessischen Bereitschaftspolizeipräsidium als Wasserschutzpolizei werden Dienstbereiche zugewiesen. Regelmäßig haben sich die Grenzen der Dienstbereiche der Polizeipräsidien mit den Grenzen der kreisfreien Städte und Landkreise sowie die Grenzen von Teilen der Dienstbereiche (Dienstbezirke) mit den Gemeindegrenzen zu decken. Abweichende Regelungen dürfen nur aus besonderen Gründen getroffen werden.

§ 102 Amtshandlungen von Dienstkräften der Polizei anderer Länder und von Polizeivollzugsbeamtinnen und Polizeivollzugsbeamten des Bundes

(1) Dienstkräfte der Polizei eines anderen Landes der Bundesrepublik Deutschland können im Lande Hessen Amtshandlungen vornehmen

1. auf Anforderung oder mit Zustimmung der zuständigen Polizeibehörde,
2. in den Fällen der Art. 35 Abs. 2 und 3 und Art. 91 Abs. 1 des Grundgesetzes,
3. zur Abwehr einer gegenwärtigen erheblichen Gefahr, zur Verfolgung von Straftaten auf frischer Tat sowie zur Verfolgung und Wiederergreifung entwichener Personen, wenn die zuständige Polizeibehörde die erforderlichen Maßnahmen nicht rechtzeitig treffen kann,

4. zur Erfüllung polizeilicher Aufgaben bei Gefangenentransporten oder
5. zur Verfolgung von Straftaten und Ordnungswidrigkeiten und zur Gefahrenabwehr in den durch Verwaltungsabkommen mit anderen Ländern geregelten Fällen.

In den Fällen des Satz 1 Nr. 3 bis 5 ist die zuständige Polizeibehörde unverzüglich zu unterrichten.

(2) Werden Dienstkräfte der Polizei eines anderen Landes der Bundesrepublik Deutschland nach Abs. 1 tätig, haben sie die gleichen Befugnisse wie die des Landes Hessen. Ihre Maßnahmen gelten als Maßnahmen derjenigen Polizeibehörde, in deren örtlichem und sachlichem Zuständigkeitsbereich sie tätig geworden sind; sie unterliegen insoweit deren Weisungen.

(3) Abs. 1 und 2 gelten für Polizeivollzugsbeamtinnen und Polizeivollzugsbeamte des Bundes sowie für Vollzugsbeamtinnen und Vollzugsbeamte der Zollverwaltung, denen der Gebrauch von Schusswaffen bei Anwendung des unmittelbaren Zwanges nach dem Gesetz über den unmittelbaren Zwang bei Ausübung öffentlicher Gewalt durch Vollzugsbeamte des Bundes in der im Bundesgesetzblatt Teil III, Gliederungsnummer 201-5, veröffentlichten bereinigten Fassung, zuletzt geändert durch Gesetz vom 24. Mai 2016 (BGBl. I S. 1217), gestattet ist, entsprechend; in den Fällen des Art. 35 Abs. 3 des Grundgesetzes besteht kein Weisungsrecht.

(4) Abs. 1 und 2 gelten auch für Bedienstete von Polizeibehörden und -dienststellen, die außerhalb der Bundesrepublik Deutschland ihren Sitz haben, entsprechend, wenn Gegenseitigkeit gewährleistet ist oder das Ministerium des Innern Amtshandlungen dieser Polizeibehörden und -dienststellen in Hessen allgemein oder im Einzelfall zustimmt. Die Bestimmungen des Beschlusses 2008/615/JI des Rates vom 23. Juni 2008 zur Vertiefung der grenzüberschreitenden Zusammenarbeit, insbesondere zur Bekämpfung des Terrorismus und der grenzüberschreitenden Kriminalität (ABl. EU Nr. L 210 S. 1), sind bei der polizeilichen Zusammenarbeit mit den Mitgliedstaaten der Europäischen Union anwendbar.

§ 103 Amtshandlungen von Dienstkräften der Polizei außerhalb des Zuständigkeitsbereichs des Landes Hessen

(1) Dienstkräfte der Polizei des Landes dürfen im Zuständigkeitsbereich eines anderen Landes der Bundesrepublik Deutschland oder des Bundes nur in den Fällen des § 102 Abs. 1 Satz 1 Nr. 1 bis 5 und des Art. 91 Abs. 2 des Grundgesetzes und nur dann tätig werden, wenn das jeweilige Landesrecht oder das Bundesrecht es vorsieht. Die Polizeivollzugsbeamtinnen und Polizeivollzugsbeamten des Landes dürfen im Zuständigkeitsbereich von Polizeibehörden oder -dienststellen, die außer-

halb der Bundesrepublik Deutschland ihren Sitz haben, tätig werden, wenn es das für diese Polizeibehörden oder -dienststellen maßgebliche Recht vorsieht.

(2) Einer Anforderung von Polizeivollzugsbeamtinnen und Polizeivollzugsbeamten durch ein anderes Land der Bundesrepublik Deutschland ist zu entsprechen, soweit nicht die Verwendung der Beamtinnen und Beamten im eigenen Land dringender ist als die Unterstützung der Polizeibehörden oder -dienststellen des anderen Landes. Einer Anforderung von Polizeivollzugsbeamtinnen und Polizeivollzugsbeamten durch Polizeibehörden oder -dienststellen, die außerhalb der Bundesrepublik Deutschland ihren Sitz haben, sowie deren Aufsichtsbehörden kann unter den Voraussetzungen des Satz 1 entsprochen werden. Die Anforderung soll alle für die Entscheidung wesentlichen Merkmale des Einsatzauftrags enthalten.

DRITTER TEIL

Kosten

§ 104 Begriff der Kosten

Kosten im Sinne der §§ 105 bis 108 sind die Personal- und Sachausgaben für die Gefahrenabwehr sowie die Ausgaben, die durch die Tätigkeit der Gefahrenabwehrbehörden und der Polizeibehörden entstehen.

§ 105 Kosten der Behörden der allgemeinen Verwaltung

Die bei den Behörden der allgemeinen Verwaltung entstehenden Kosten der Gefahrenabwehr werden von diesen getragen.

§ 106 Kosten der allgemeinen Ordnungsbehörden

(1) Unbeschadet des § 108 werden getragen

1. die Kosten der örtlichen Ordnungsbehörden von den Gemeinden,
2. die Kosten der Kreisordnungsbehörden in den kreisfreien Städten und Landkreisen jeweils von diesen,
3. die Kosten der übrigen allgemeinen Ordnungsbehörden vom Land,
4. die Kosten der örtlichen Ordnungsbehörden und der Kreisordnungsbehörden für die gemeinsam zu erfüllenden Aufgaben der Ordnungsbehördenbezirke (§ 85 Abs. 2 und 3) von den beteiligten Gemeinden und Landkreisen nach Maßgabe eines öffentlich rechtlichen Vertrages.

(2) Zu den von den allgemeinen Ordnungsbehörden zu tragenden Kosten nach Abs. 1 gehören auch die durch Selbsteintritt nach § 88 Abs. 1 entstehenden Kosten.

(3) Inwieweit den Landkreisen die Kosten der Kreisordnungsbehörde zu erstatten sind, wird durch Gesetz geregelt.

§ 107 Kosten der Sonderordnungsbehörden

Die Kostenregelung für die Sonderordnungsbehörden ergibt sich aus den für diese Behörden geltenden besonderen Vorschriften.

§ 108 Kosten der Polizeibehörden, Bereitstellungs- und Duldungspflichten

(1) Die Kosten der Polizeibehörden trägt unbeschadet der Vorschriften in Abs. 2 das Land.

(2) Verbleiben Polizeibehörden oder deren Außenstellen in Gemeinden mit ehemals kommunaler Vollzugspolizei, so haben die Gemeinden auf ihre Kosten diejenigen gemeindeeigenen Grundstücke, Diensträume und Garagen zur unentgeltlichen Nutzung bereitzustellen, die am 1. Januar 1972 für vollzugspolizeiliche Zwecke genutzt worden sind; soweit sie für diese Zwecke nicht mehr genutzt werden, sind sie den Gemeinden zurückzugeben.

(3) Verkehrsflughäfen stellen den für die Wahrnehmung der Aufgaben nach § 1 zuständigen Polizeibehörden die erforderlichen Diensträume sowie Parkplätze für Dienstkraftfahrzeuge zur Verfügung und halten diese Einrichtungen in ordnungsgemäßem Zustand. Hierdurch entstehende Mehrkosten vergütet das Land den Verkehrsflughäfen auf Antrag, soweit der Aufwand nicht über das für die Einrichtungen der Polizeibehörden übliche Maß hinaus geht.

(4) Die Eigentümerin, der Eigentümer, die Besitzerin, der Besitzer oder eine sonstige Nutzungsberechtigte oder ein sonstiger Nutzungsberechtigter einer baulichen Anlage, innerhalb der eine Funkverbindung zwischen der Leitstelle des örtlich zuständigen Polizeipräsidiums und den Einsatzkräften nicht sichergestellt ist, ist verpflichtet, das Anbringen einer Gebäudefunkanlage oder von Teilen davon für Zwecke der Gefahrenabwehr entschädigungslos zu dulden. Die Verpflichtung umfasst insbesondere die Bereitstellung eines Antennenstandorts und von abgeschlossenen Räumlichkeiten für die Systemtechnik, die Verkabelung der Anlage sowie die Stromversorgung. Soweit aufgrund des § 45 Abs. 1 Nr. 6 des Hessischen Brand- und Katastrophenschutzgesetzes in der Fassung der Bekanntmachung vom 14. Januar 2014 (GVBl. S. 26), zuletzt geändert durch Gesetz vom 23. August 2018 (GVBl. S. 374), oder anderer Rechtsvorschriften eine Verpflichtung zur Duldung, Einrichtung oder zum Unterhalt von Gebäudefunkanlagen nur für bestimmte Behörden und Organisationen mit Sicherheitsaufgaben besteht, gilt diese auch für solche der Polizeibehörden.

§ 109 Einnahmen

Sind mit der Tätigkeit der Polizeibehörden Einnahmen verbunden, fließen diese dem Kostenträger zu. Die Vorschriften des Finanzausgleichsgesetzes bleiben unberührt.

VIERTER TEIL

Übergangs- und Schlussvorschriften

§ 110 Versorgungslasten, Wohnungsfürsorgemaßnahmen

(1) Versorgungslasten, die im Zeitpunkt des Übergangs polizeilicher Aufgaben von den Gemeinden auf das Land bestanden haben, verbleiben bei dem im Zeitpunkt des Aufgabenübergangs zuständigen Kostenträger. Die Vorschriften des Finanzausgleichsgesetzes über die Verteilung der Polizeiversorgungslasten bleiben unberührt.

(2) Wohnungsfürsorgemaßnahmen, die die Gemeinden zugunsten der vom Land übernommenen Bediensteten bis zum 31. Dezember 1971 getroffen haben, bleiben zu ihren Lasten aufrechterhalten.

§ 111 Übergangsvorschriften

(1) In den bis zum In-Kraft-Treten dieses Gesetzes erlassenen Gefahrenabwehrverordnungen (Polizeiverordnungen) treten an die Stelle der Vorschriften über Bußgeldandrohungen nach dem Hessischen Gesetz über die öffentliche Sicherheit und Ordnung in der Fassung vom 26. Januar 1972 (GVBl. I S. 24), zuletzt geändert durch Gesetz vom 18. Dezember 1989 (GVBl. I S. 469, 1990 I S. 36), die entsprechenden Vorschriften dieses Gesetzes. § 77 Abs. 2 findet jedoch auf Verordnungen, die vor In-Kraft-Treten dieses Gesetzes erlassen worden sind, keine Anwendung.

(2) Waren zum Zeitpunkt des In-Kraft-Tretens dieses Gesetzes nach § 115 Abs. 1 Nr. 2 personenbezogene Daten oder Bewertungen gespeichert, ist § 20 Abs. 4 und 6 nicht anzuwenden.

§ 112 *(Änderung von Rechtsvorschriften)*

§ 113 Aufhebung und Fortgeltung von Rechtsvorschriften

(1) Es werden aufgehoben:

1. das Hessische Gesetz über die öffentliche Sicherheit und Ordnung in der Fassung vom 26. Januar 1972 (GVBl. I S. 24), zuletzt geändert durch Gesetz vom 18. Dezember 1989 (GVBl. I S. 469, 1990I S. 36),
2. das Gesetz über die Anwendung unmittelbaren Zwanges bei Ausübung öffentlicher Gewalt vom 11. November 1950 (GVBl. S. 247), zuletzt geändert durch Gesetz vom 3. Dezember 1981 (GVBl. I S. 414),
3. die Polizeikostenverordnung vom 13. Juli 1973 (GVBl. I S. 267),

4. die Polizeibekleidungsverordnung vom 19. Dezember 1973 (GVBl. 1974I S. 34).

(2) Besondere Rechtsvorschriften für einzelne Bereiche der Gefahrenabwehr und Rechtsvorschriften, die aufgrund der in Abs. 1 aufgehobenen Gesetze erlassen worden sind, bleiben unberührt. Bisher von allgemeinen Polizeibehörden, Sonderpolizeibehörden und den Dienststellen der Vollzugspolizei wahrgenommene Aufgaben, die diesen Behörden durch besondere Rechtsvorschriften zugewiesen worden sind, sind von den allgemeinen Ordnungsbehörden, den Sonderordnungsbehörden und den Polizeibehörden zu erfüllen. Die von den bisherigen Polizeipräsidien und den Landräten als Behörden der Landesverwaltung, soweit ihnen polizeiliche Aufgaben übertragen sind, wahrgenommenen Aufgaben, die diesen Behörden durch besondere Rechtsvorschriften zugewiesen worden sind, sind von den Polizeipräsidien zu erfüllen. Bisher von der Hessischen Polizeischule wahrgenommene Aufgaben, die dieser durch besondere Rechtsvorschriften zugewiesen worden sind, sind von der Polizeiakademie Hessen zu erfüllen. Anlagen nach § 14 Abs. 3 Satz 3, auch in Verbindung mit § 14 Abs. 4 Satz 3, die vor dem 1. Januar 2009 in Betrieb waren, können unabhängig davon, ob die Voraussetzungen für ihre Errichtung weiter vorliegen, bis zum 31. Dezember 2011 betrieben werden.

(3) Soweit in anderen Rechtsvorschriften oder in Verwaltungsakten auf Vorschriften des Hessischen Polizeigesetzes vom 10. November 1954 (GVBl. S. 203) oder auf Gesetze Bezug genommen wird, die in Abs. 1 aufgehoben werden, treten an die Stelle der aufgeführten Vorschriften die entsprechenden Vorschriften dieses Gesetzes.

(4) Die vor dem 4. September 2018 dem Präsidium für Technik, Logistik und Verwaltung aufgrund besonderer Rechtsvorschrift zugewiesenen Aufgaben gelten als dem Hessischen Polizeipräsidium für Technik übertragen.

(5) Die vor dem 31. Dezember 2021 von der Polizeiakademie Hessen wahrgenommenen Aufgaben sind von der Hessischen Hochschule für öffentliches Management und Sicherheit zu erfüllen, soweit diese als Polizeibehörde Aufgaben nach § 95 Abs. 2 wahrnimmt.

§ 114 Ausführungsvorschriften

Die zur Ausführung dieses Gesetzes erforderlichen Rechtsverordnungen erlässt die Ministerin oder der Minister des Innern, die zur Ausführung dieses Gesetzes erforderlichen Verwaltungsvorschriften erlässt das Ministerium des Innern, jeweils, soweit erforderlich, im Einvernehmen mit der Ministerin, dem Minister oder dem Ministerium der Finanzen. Die Ermächtigung der fachlich zuständigen Ministerin oder des fachlich zuständigen Ministers zum Erlass einer Rechtsverordnung nach § 63 Abs. 3 Satz 3 bleibt unberührt.

§ 115 Inkrafttreten, Außerkrafttreten

Es treten in Kraft

1. § 27 Abs. 4 Satz 1, § 44 Abs. 1 Satz 2, § 63 Abs. 4 Satz 3, § 82 Abs. 2 Satz 3, § 89 Abs. 1 Satz 1 und Abs. 3, § 91 Abs. 5, § 92 Abs. 2 Satz 1, § 95 Abs. 3 Satz 3, § 98 Abs. 1, § 99 Abs. 4 und § 114 am Tage nach der Verkündung dieses Gesetzes*,
2. die übrigen Vorschriften am 1. Januar 1991.

§ 20a Abs. 4 Satz 2 tritt mit Ablauf des 31. Dezember 2029 außer Kraft.

* Amtliche Fußnote: Die Vorschrift betrifft das In-Kraft-Treten des Gesetzes in der ursprünglichen Fassung vom 26. Juni 1990 (GVBl. I S. 197, 534).

Verordnung zur Durchführung des Hessischen Gesetzes über die öffentliche Sicherheit und Ordnung und des Hessischen Freiwilligen-Polizeidienst-Gesetzes (HSOG-DVO)

vom 12. Juni 2007 (GVBl. I S. 323), geändert durch Verordnungen vom 25. Februar 2008 (GVBl. I S. 646), vom 6. Januar 2010 (GVBl. I S. 12), vom 28. Januar 2011 (GVBl. I S. 93), vom 23. Oktober 2012 (GVBl. S. 326), vom 20. Januar 2020 (GVBl. S. 108), vom 10. Dezember 2020 (GVBl. S. 926), durch Gesetz vom 30. September 2021 (GVBl. S. 622), durch Verordnung vom 2. Dezember 2021 (GVBl. S. 819)

– FFN 310-105 –

Ermächtigungsgrundlagen:

Aufgrund des § 89 Abs. 1 Satz 1 und des § 89 Abs. 3 des Hessischen Gesetzes über die öffentliche Sicherheit und Ordnung in der Fassung vom 14. Januar 2005 (GVBl. I S. 14), zuletzt geändert durch Gesetz vom 17. Oktober 2005 (GVBl. I S. 674), verordnet die Landesregierung, soweit die Aufgabe nach § 1 Nr. 2 übertragen wird, im Einvernehmen mit dem Minister des Innern und für Sport: (Erster Teil)

Aufgrund des § 15 Abs. 3 Satz 2, des § 18 Abs. 2 Nr. 5, des § 91 Abs. 5, des § 92 Abs. 2 Satz 1, des § 98 Abs. 1 Nr. 1 und 2 und des § 114 Satz 1 des Hessischen Gesetzes über die öffentliche Sicherheit und Ordnung verordnet der Minister des Innern und für Sport: (Zweiter Teil)

Aufgrund des § 99 Abs. 4 und des § 114 Satz 1 des Hessischen Gesetzes über die öffentliche Sicherheit und Ordnung verordnet der Minister des Innern und für Sport: (Dritter Teil)

Aufgrund des § 27 Abs. 4 Satz 1, des § 98 Abs. 1 Nr. 1 und des § 114 des Hessischen Gesetzes über die öffentliche Sicherheit und Ordnung verordnet der Minister des Innern und für Sport: (Vierter Teil)

Aufgrund des § 3 Abs. 1 Satz 2 und des § 8 Satz 3 des Hessischen Freiwilligen-Polizeidienst-Gesetzes vom 13. Juni 2000 (GVBl. I S. 294), geändert durch Gesetz vom 21. Juli 2004 (GVBl. I S. 250), verordnet der Minister des Innern und für Sport: (Fünfter Teil)

Inhaltsübersicht

ERSTER TEIL

Zuweisung von Aufgaben der Gefahrenabwehr an die allgemeinen Ordnungsbehörden

§ 1 Aufgabenwahrnehmung der allgemeinen Ordnungsbehörden

Folgende Aufgaben der Gefahrenabwehr werden von den allgemeinen Ordnungsbehörden wahrgenommen:

1. Pass- und Personalausweiswesen sowie Ausländerwesen, soweit es nicht durch besondere Rechtsvorschriften anderen Behörden übertragen ist,
2. Versammlungswesen, mit der Maßgabe, dass in Gemeinden unter 7500 Einwohnern die Kreisordnungsbehörde zuständig ist,
3. Waffenwesen, soweit es Erwerb, Führung, Besitz und Einfuhr von Waffen und Munition betrifft und es nicht durch besondere Rechts-

vorschriften anderen Behörden übertragen ist, sowie Entgegennahme der Anzeige von Sprengungen,

4. Zulassung von Personen und Fahrzeugen zum Straßenverkehr und Angelegenheiten der Straßenverkehrs-Ordnung vom 6. März 2013 (BGBl. I S. 367), zuletzt geändert durch Verordnung vom 20. April 2020 (BGBl. I S. 814), soweit sie nicht durch besondere Rechtsvorschriften anderen Behörden übertragen sind,
5. unbeschadet der Zuständigkeit der Polizeibehörde die Überwachung des Straßenverkehrs, auch durch Verwendung technischer Mittel, soweit nichts anderes bestimmt ist,
6. Aufsicht über die Beförderung radioaktiver Stoffe sowie über die Beförderung und Lagerung gefährlicher Güter, soweit sie nicht durch besondere Rechtsvorschriften anderen Behörden übertragen ist,
7. Lärmbekämpfung, soweit sie nicht durch besondere Rechtsvorschriften anderen Behörden übertragen ist,
8. Festsetzung der Sperrzeit,
9. Bekämpfung der verbotenen Prostitution.

Für die Aufgaben der Gefahrenabwehr nach § 43a des Hessischen Gesetzes über die öffentliche Sicherheit und Ordnung sind die Bezirksordnungsbehörden und für die Kampfmittelbeseitigung ist das Regierungspräsidium Darmstadt zuständig.

ZWEITER TEIL

Organisation und Zuständigkeit der Polizeibehörden

§ 2 Aufgabenwahrnehmung der Polizeibehörden

(1) Die den Polizeibehörden übertragenen Aufgaben,

1. Gefahren für die öffentliche Sicherheit und Ordnung abzuwehren (§ 1 und § 2 Satz 1 des Hessischen Gesetzes über die öffentliche Sicherheit und Ordnung) und
2. Straftaten und Ordnungswidrigkeiten zu erforschen (§ 1 Abs. 2 des Hessischen Gesetzes über die öffentliche Sicherheit und Ordnung in Verbindung mit § 163 der Strafprozessordnung und § 53 des Gesetzes über Ordnungswidrigkeiten),

werden gemeinsam durch die Schutzpolizei und die Kriminalpolizei erfüllt.

(2) Jede Polizeibehörde

1. nimmt ungeachtet ihrer sachlichen oder örtlichen Zuständigkeit Anzeigen von Straftaten und Ordnungswidrigkeiten entgegen,
2. trifft in eigener Zuständigkeit alle Maßnahmen, soweit die zuständige Stelle nicht oder nicht rechtzeitig tätig werden kann (Sofortmaßnahmen) und

3. unterrichtet unverzüglich die zuständige Stelle.

(3) Zuständige Stelle für die Erteilung der Zustimmung zur Einrichtung der Kontrollstelle nach § 18 Abs. 2 Nr. 5 des Hessischen Gesetzes über die öffentliche Sicherheit und Ordnung ist die Behördenleitung der die Kontrollstelle einrichtenden Polizeibehörde oder eine von dieser beauftragte Bedienstete oder ein von dieser beauftragter Bediensteter.

(4) Für gemeinsame Einsätze von Polizeibehörden bestimmt das Landespolizeipräsidium die Einsatzleitung.

(5) Zur Bewältigung von Sonderlagen kann das Landespolizeipräsidium einzelne Polizeibehörden mit einer dienstbereichsübergreifenden Wahrnehmung von Aufgaben beauftragen.

§ 3 Polizeibehörden

Polizeibehörden sind

1. als oberste Polizeibehörde das Ministerium des Innern und für Sport (Landespolizeipräsidium),
2. als Polizeibehörden
   a) das Polizeipräsidium Nordhessen mit Dienstsitz in Kassel,
   b) das Polizeipräsidium Osthessen mit Dienstsitz in Fulda,
   c) das Polizeipräsidium Mittelhessen mit Dienstsitz in Gießen,
   d) das Polizeipräsidium Westhessen mit Dienstsitz in Wiesbaden,
   e) das Polizeipräsidium Frankfurt am Main mit Dienstsitz in Frankfurt am Main,
   f) das Polizeipräsidium Südosthessen mit Dienstsitz in Offenbach am Main,
   g) das Polizeipräsidium Südhessen mit Dienstsitz in Darmstadt,
   h) das Hessische Landeskriminalamt mit Dienstsitz in Wiesbaden,
   i) das Hessische Bereitschaftspolizeipräsidium mit Dienstsitz in Wiesbaden,
   j) das Hessische Polizeipräsidium für Technik mit Dienstsitz in Wiesbaden,
   k) die Hessische Hochschule für öffentliches Management und Sicherheit als Polizeibehörde im Sinne des § 91 Abs. 2 Nr. 2 Buchst. e des Hessischen Gesetzes über die öffentliche Sicherheit und Ordnung mit Dienstsitz in Wiesbaden.
3. *weggefallen*

§ 4 Landespolizeipräsidium

(1) Das Landespolizeipräsidium nimmt die Aufgaben der obersten Polizeibehörde und des Lagezentrums der Hessischen Landesregierung wahr.

(2) Das Landespolizeipräsidium ist für die Durchführung der unmittelbaren Personenschutzaufgaben und für Umfeldmaßnahmen bei den Mitgliedern der Verfassungsorgane des Landes Hessen zuständig. Es kann auch den Schutz anderer Personen übernehmen.

(3) Das Landespolizeipräsidium kann Strafsachen, die sich allein oder unter anderem gegen Polizeibedienstete des Landes richten, selbst bearbeiten, wenn es dies wegen der Bedeutung der Tat für erforderlich hält.

§ 5 Polizeipräsidien

(1) Die Polizeipräsidien sind in ihren Dienstbereichen für die Erfüllung aller polizeilichen Aufgaben zuständig, soweit diese nicht einer anderen Polizeibehörde übertragen sind (§ 94 Satz 1 in Verbindung mit § 101 Abs. 1 Satz 2 des Hessischen Gesetzes über die öffentliche Sicherheit und Ordnung). Die Polizeipräsidien sind zur engen Zusammenarbeit mit den Kreisordnungsbehörden verpflichtet.

(2) Den Polizeipräsidien sind als Dienstbereiche grundsätzlich zugewiesen

1. Polizeipräsidium Nordhessen
   die kreisfreie Stadt Kassel,
   der Landkreis Kassel,
   der Schwalm-Eder-Kreis,
   der Landkreis Waldeck-Frankenberg,
   der Werra-Meißner-Kreis,
2. Polizeipräsidium Osthessen
   der Landkreis Fulda,
   der Landkreis Hersfeld-Rotenburg,
   der Vogelsbergkreis,
3. Polizeipräsidium Mittelhessen
   der Landkreis Gießen,
   der Lahn-Dill-Kreis,
   der Landkreis Marburg-Biedenkopf,
   der Wetteraukreis,
4. Polizeipräsidium Westhessen
   die kreisfreie Stadt Wiesbaden,
   der Hochtaunuskreis,
   der Landkreis Limburg-Weilburg,
   der Main-Taunus-Kreis,
   der Rheingau-Taunus-Kreis,

5. Polizeipräsidium Frankfurt am Main

   die kreisfreie Stadt Frankfurt am Main,

   der sich auf den Landkreis Groß-Gerau erstreckende eingefriedete Teil des Flughafens Frankfurt,

6. Polizeipräsidium Südosthessen

   die kreisfreie Stadt Offenbach am Main,

   der Main-Kinzig-Kreis,

   der Landkreis Offenbach,

7. Polizeipräsidium Südhessen

   die kreisfreie Stadt Darmstadt,

   der Landkreis Bergstraße,

   der Landkreis Groß-Gerau, soweit nicht zum Dienstbereich des Polizeipräsidiums Frankfurt am Main gehörend,

   der Landkreis Darmstadt-Dieburg,

   der Odenwaldkreis.

(3) Die Dienstbereiche der Polizeipräsidien sind in regionale Dienstbezirke eingeteilt, für die jeweils eine Polizeidirektion zuständig ist. Jede kreisfreie Stadt und jeder Landkreis bilden regelmäßig je einen regionalen Dienstbezirk. In der Stadt Frankfurt am Main können mehrere regionale Dienstbezirke eingerichtet werden. Die Polizeidirektionen tragen in der Behördenbezeichnung als Zusatz regelmäßig die Bezeichnung der kreisfreien Stadt oder des Landkreises, für die oder für den sie zuständig sind. Bei der Besetzung der Leitung der Polizeidirektionen sind die jeweiligen Kreisordnungsbehörden anzuhören.

(4) Die regionalen Dienstbezirke werden unter regelmäßiger Beachtung der Gemeindegrenzen in örtliche Dienstbezirke eingeteilt, für die jeweils Polizeistationen oder Polizeireviere zuständig sind.

(5) Für die Wahrnehmung der polizeilichen Aufgaben auf den Bundesautobahnen werden örtliche Dienstbezirke ausgewiesen, für die jeweils Polizeiautobahnstationen zuständig sind.

(6) Das Landespolizeipräsidium errichtet durch Verwaltungsvorschriften die Polizeidirektionen, die Polizeistationen, die Polizeireviere, die Polizeiautobahnstationen und weitere Organisationseinheiten der Polizeipräsidien oder löst sie auf und legt die regionalen und örtlichen Dienstbezirke fest.

(7) Aus zwingenden polizeilichen Gründen können die Polizeipräsidien Polizeiposten und Polizeiautobahnposten errichten. Diese sind Teile der Stationen oder Reviere, bei denen sie errichtet sind.

(8) Die Aufgaben des Personenschutzes und des Zeugenschutzes werden dienstbereichsübergreifend wahrgenommen.

§ 6 Hessisches Landeskriminalamt

(1) Das Hessische Landeskriminalamt (HLKA) hat als zentrale Dienststelle des Landes für Aufgaben der Kriminalitätsbekämpfung insbesondere

1. mitzuwirken
   a) bei der Bearbeitung von Wirtschaftsstrafsachen, wenn besonders umfangreiche oder schwierige Ermittlungen erforderlich sind,
   b) bei der Verfolgung von Staatsschutzdelikten durch den Generalbundesanwalt,
2. den polizeilichen Rechts- und Amtshilfeverkehr mit dem Ausland vorzunehmen,
3. die Ermittlungen grundsätzlich selbst wahrzunehmen
   a) in den Fällen des überörtlich organisierten, ungesetzlichen Handels mit Betäubungsmitteln, Waffen, Munition und Sprengstoff,
   b) in Fällen der organisierten Herstellung oder Verbreitung von Falschgeld und totalgefälschten unbaren Zahlungsmitteln,
   c) bei Umweltstrafsachen von überörtlicher Bedeutung, wenn besonders umfangreiche oder schwierige Ermittlungen zu erwarten sind und soweit nicht das Hessische Bereitschaftspolizeipräsidium zuständig ist,
   d) in Fällen der Nuklearkriminalität,
   e) bei Ersuchen des Generalbundesanwalts oder des Ermittlungsrichters beim Bundesgerichtshof in Verfahren, in denen der Generalbundesanwalt die Ermittlungen führt,
4. auf Ersuchen von Polizeibehörden, Staatsanwaltschaften oder Gerichten Gutachten für Straf- und Bußgeldverfahren zu erstatten und vor Gericht zu vertreten und grundsätzlich die Entschärfung und Begutachtung unkonventioneller Spreng- und Brandvorrichtungen zu betreiben,
5. die polizeiliche Kriminalprävention zu koordinieren,
6. für Maßnahmen zum Schutz gefährdeter Personen Gefährdungsstufen und Schutzmaßnahmen festzulegen,
7. in Zeugenschutzangelegenheiten
   a) Maßnahmen zum Schutz von Zeugen in eigenen Ermittlungsverfahren, in bedeutsamen Fällen oder in Fällen, die von einer außerhessischen Dienststelle übernommen werden, selbst durchzuführen,
   b) die Aufgaben einer zentralen Koordinierungsstelle für Hessen wahrzunehmen,
8. Informationen und Unterlagen für die polizeiliche Kriminalitätsbekämpfung zu sammeln und auszuwerten,

9. den Einsatz der hessischen Spezialeinheiten und -kräfte zu koordinieren und sicherzustellen, dass im Bedarfsfall besondere Führungs- und Einsatzmittel zur Verfügung stehen,
10. Stellungnahmen im Rahmen der Zuverlässigkeitsüberprüfungen nach
    a) § 5 Abs. 5 Satz 1 Nr. 3 des Waffengesetzes vom 11. Oktober 2002 (BGBl. I S. 3970, 4592, 2003 I S. 1957), zuletzt geändert durch Verordnung vom 19. Juni 2020 (BGBl. I S. 1328),
    b) § 8a Abs. 5 Satz 1 Nr. 3 des Sprengstoffgesetzes in der Fassung der Bekanntmachung vom 10. September 2002 (BGBl. I S. 3518), zuletzt geändert durch Verordnung vom 19. Juni 2020 (BGBl. I S. 1328),

    abzugeben.

Es koordiniert als zentrale Dienststelle des Landes die Verkehrsprävention.

(2) Das Hessische Landeskriminalamt entscheidet über einen Antrag der betroffenen Person auf Löschung der über sie gespeicherten Daten, wenn es die Daten automatisiert verarbeitet hat und die dazugehörigen Unterlagen im Zeitpunkt der Antragstellung bei verschiedenen Polizeibehörden geführt werden.

(3) Die Polizeibehörden sind verpflichtet, dem Hessischen Landeskriminalamt die zur Erfüllung seiner Aufgaben erforderlichen Informationen und Unterlagen zu übermitteln.

§ 7 Hessisches Bereitschaftspolizeipräsidium

(1) Das Hessische Bereitschaftspolizeipräsidium nimmt über die ihm nach § 93 des Hessischen Gesetzes über die öffentliche Sicherheit und Ordnung übertragenen Aufgaben hinaus die Aufgaben der Wasserschutzpolizei, der Polizeifliegerstaffel Hessen und der Polizeireiterstaffel wahr.

(2) Zur Wahrnehmung der Aufgaben der Wasserschutzpolizei ist eine Wasserschutzpolizeiabteilung errichtet mit einem festgelegten Dienstbereich. Der Dienstbereich ist in mehrere regionale Dienstbezirke aufgeteilt, für die jeweils Wasserschutzpolizeistationen oder Wasserschutzpolizeiposten zuständig sind. Das Landespolizeipräsidium errichtet die Wasserschutzpolizeistationen und legt die regionalen Dienstbezirke fest.

(3) Das Hessische Bereitschaftspolizeipräsidium hat bei Aufgaben des Gewässerschutzes alle mit Strafe oder Geldbuße bedrohten Verstöße gegen Umweltvorschriften auf den Wasserflächen des Dienstbereichs zu bearbeiten.

(4) Das Hessische Bereitschaftspolizeipräsidium unterhält einen Polizeiärztlichen Dienst, dessen Leitung der Leitenden Polizeiärztin oder dem Leitenden Polizeiarzt obliegt. Es übt die Fachaufsicht über die dem

Landespolizeipräsidium nachgeordneten Polizeibehörden in grundsätzlichen polizeiärztlichen Angelegenheiten aus. Es kann dabei die erforderlichen Weisungen auch für den Einzelfall erteilen. Die Dienst- und Fachaufsicht des Landespolizeipräsidiums nach § 96 Abs. 1 Satz 2 des Hessischen Gesetzes über die öffentliche Sicherheit und Ordnung bleibt unberührt.

§ 8 Hessisches Polizeipräsidium für Technik

(1) Das Hessische Polizeipräsidium für Technik ist zuständige Behörde für

1. die Bewirtschaftung der Mittel der Polizei, soweit diese nicht anderen Polizeibehörden übertragen worden ist,
2. die Erhebung der Kosten von Maßnahmen der Polizeibehörden nach dem Hessischen Gesetz über die öffentliche Sicherheit und Ordnung,
3. die Erhebung von Kosten nach anderen Vorschriften des Verwaltungskostenrechts für Amtshandlungen der Polizeibehörden.

(2) Das Hessische Polizeipräsidium für Technik übt über die dem Landespolizeipräsidium nachgeordneten Polizeibehörden die Fachaufsicht aus bezüglich

1. der Informations- und Kommunikationssysteme,
2. der technischen Ausstattung,
3. des Rechnungswesens,
4. der technischen und baulichen Angelegenheiten der Einsatztrainingsstätten.

Es kann die erforderlichen Weisungen auch für den Einzelfall erteilen. Die Dienst- und Fachaufsicht des Landespolizeipräsidiums bleibt unberührt.

§ 9 Hessische Hochschule für öffentliches Management und Sicherheit als Polizeibehörde im Sinne des § 91 Abs. 2 Nr. 2 Buchst. e des Hessischen Gesetzes über die öffentliche Sicherheit und Ordnung

(1) Als zentrale Dienststelle für die polizeiliche Aus- und Fortbildung aller Polizeibediensteten nach der beruflichen Grundqualifizierung übt die Hessische Hochschule für öffentliches Management und Sicherheit als Polizeibehörde im Sinne des § 91 Abs. 2 Nr. 2 Buchst. e des Hessischen Gesetzes über die öffentliche Sicherheit und Ordnung die Fachaufsicht über die dem Landespolizeipräsidium nachgeordneten Polizeibehörden bezüglich der Aus- und Fortbildung aus. Für behördeninterne Fortbildungen, für die keine zentrale Zuständigkeit der Hessischen Hochschule für öffentliches Management und Sicherheit als Polizeibehörde im Sinne des § 91 Abs. 2 Nr. 2 Buchst. e des Hessischen Gesetzes über die öffentliche Sicherheit und Ordnung besteht, sollen Weisungen

sich auf allgemeine Anordnungen beschränken und in der Regel nicht in die Einzelausführung eingreifen. Die Dienst- und Fachaufsicht des Landespolizeipräsidiums nach § 96 Abs. 1 Satz 2 und 3 des Hessischen Gesetzes über die öffentliche Sicherheit und Ordnung bleibt unberührt.

(2) Die Hessische Hochschule für öffentliches Management und Sicherheit als Polizeibehörde im Sinne des § 91 Abs. 2 Nr. 2 Buchst. e des Hessischen Gesetzes über die öffentliche Sicherheit und Ordnung ist auch zuständige Behörde für

1. die Werbung, Auswahl und Einstellung von Polizeinachwuchskräften sowie
2. die Koordinierung und Durchführung internationaler polizeilicher Ausbildungs- und Ausstattungshilfe.

(3) Die Hessische Hochschule für öffentliches Management und Sicherheit als Polizeibehörde im Sinne des § 91 Abs. 2 Nr. 2 Buchst. e des Hessischen Gesetzes über die öffentliche Sicherheit und Ordnung berät und unterstützt die Polizeibehörden des Landes und wirkt bei der Fortentwicklung polizeilicher Führungs- und Einsatzmittel mit.

(4) Die Hessische Hochschule für öffentliches Management und Sicherheit als Polizeibehörde im Sinne des § 91 Abs. 2 Nr. 2 Buchst. e des Hessischen Gesetzes über die öffentliche Sicherheit und Ordnung unterhält einen Zentralen Polizeipsychologischen Dienst. Sie übt die Fachaufsicht über die dem Landespolizeipräsidium nachgeordneten Polizeibehörden in grundsätzlichen polizeipsychologischen Angelegenheiten aus. Sie kann dabei die erforderlichen Weisungen auch für den Einzelfall erteilen. Die Dienst- und Fachaufsicht des Landespolizeipräsidiums nach § 96 Abs. 1 Satz 2 und 3 des Hessischen Gesetzes über die öffentliche Sicherheit und Ordnung bleibt unberührt.

(5) Die Hessische Hochschule für öffentliches Management und Sicherheit als Polizeibehörde im Sinne des § 91 Abs. 2 Nr. 2 Buchst. e des Hessischen Gesetzes über die öffentliche Sicherheit und Ordnung kann Außenstellen einrichten.

DRITTER TEIL

Ausbildung und Bestellung von Hilfspolizeibeamtinnen und Hilfspolizeibeamten

§ 10 Ausbildung

(1) Zur Hilfspolizeibeamtin oder zum Hilfspolizeibeamten nach § 99 Abs. 3 Satz 1 Nr. 1, 3 und 4 des Hessischen Gesetzes über die öffentliche Sicherheit und Ordnung kann nur bestellt werden, wer aufgrund einer Ausbildung nach Abs. 3 bis 5 die theoretischen und praktischen Kenntnisse erworben hat, die zur Wahrnehmung der zu erfüllenden Aufgaben erforderlich sind. Das Regierungspräsidium kann im Einzelfall Ausnah-

men zulassen, wenn die erforderlichen theoretischen und praktischen Kenntnisse bereits auf andere Weise erworben wurden.

(2) Die Dienstherrin oder der Dienstherr oder die Arbeitgeberin oder der Arbeitgeber der in Abs. 1 genannten Personen hat dafür Sorge zu tragen, dass Hilfspolizeibeamtinnen und Hilfspolizeibeamte die erforderlichen Kenntnisse durch Aus- und Fortbildung erwerben. Dies gilt auch in den Fällen, in denen den in Abs. 1 genannten Personen aufgrund einer Aufgabenübertragung durch Rechtsverordnung die Befugnisse einer Hilfspolizeibeamtin oder eines Hilfspolizeibeamten zustehen. Besteht kein Dienst- oder Arbeitsverhältnis, trifft die Verpflichtung das Regierungspräsidium.

(3) Die Ausbildungsdauer der in Abs. 1 genannten Personen darf sechs Wochen nicht unterschreiten. Die wöchentliche Unterrichtszeit beträgt 25 bis 30 Stunden. Das Regierungspräsidium kann im Einzelfall Ausnahmen zulassen. Die Ausnahmen können sich auf einzelne Lehrgänge oder einzelne Lehrgangsteilnehmerinnen und Lehrgangsteilnehmer erstrecken.

(4) Die Ausbildung umfasst in einem allgemeinen Teil die Vermittlung allgemeiner verwaltungs- und verfassungsrechtlicher Kenntnisse sowie theoretischer und praktischer Kenntnisse des allgemeinen Gefahrenabwehrrechts und der allgemeinen Bestimmungen des Straf- und des Ordnungswidrigkeitenrechts; in einem besonderen Teil sind Kenntnisse über spezialgesetzliche Regelungen der Rechtsgebiete zu vermitteln, in denen die Hilfspolizeibeamtin oder der Hilfspolizeibeamte tätig werden soll.

(5) Die Ausbildung ist auf der Grundlage eines Lehrstoffplans durchzuführen, der vom Hessischen Verwaltungsschulverband im Einvernehmen mit den kommunalen Spitzenverbänden und der Hessischen Hochschule für öffentliches Management und Sicherheit als Polizeibehörde im Sinne des § 91 Abs. 2 Nr. 2 Buchst. e des Hessischen Gesetzes über die öffentliche Sicherheit und Ordnung nach Anhörung der Regierungspräsidien erstellt wird, und schließt mit einer Befähigungsnachweisprüfung ab. Bei der Ausbildung werden nach Möglichkeit Polizeivollzugsbeamtinnen und Polizeivollzugsbeamte unterstützend tätig.

§ 11 Bedienstete der Forst- und Fischereiverwaltung

Folgende Bedienstete der Forst- und Fischereiverwaltung sind im Rahmen ihrer forst-, jagd- und fischereidienstlichen Vollzugsaufgaben auf dem Gebiet der Gefahrenabwehr sowie der hilfsweisen Wahrnehmung von Aufgaben auf dem Gebiet der Verfolgung von Straftaten und Ordnungswidrigkeiten Hilfspolizeibeamtinnen und Hilfspolizeibeamte:

1. im Bereich der Forstverwaltung Forstbeamtinnen und Forstbeamte im Außendienst sowie Forstbetriebsangestellte mit vergleichbarer Aus-

bildung und entsprechendem Dienstauftrag bei den Forstämtern des Landesbetriebes Hessen-Forst, der Gemeinden und anderer Körperschaften des öffentlichen Rechts,

2. im Bereich der Fischereiverwaltung Beamtinnen und Beamte des mittleren und gehobenen Dienstes sowie nebenamtliche Fischereiaufseherinnen und Fischereiaufseher, sofern sie mit der Fischereiaufsicht staatlich beauftragt und im Hauptamt Beamtinnen oder Beamte des Bundes, des Landes, einer Gemeinde oder eines Gemeindeverbandes sind.

Dies gilt nicht für Beamtinnen und Beamte auf Widerruf.

§ 12 Bedienstete der Gewerbe-, Preis- oder Lebensmittelüberwachung sowie der Gesundheits- oder Veterinäraufsicht

Bedienstete der Gemeinde, des Landkreises oder des Landes, die in der Gewerbe-, Preis- oder Lebensmittelüberwachung, der Gesundheits- oder Veterinäraufsicht im Außendienst tätig sind, sind im Rahmen ihrer Vollzugsaufgaben auf dem Gebiet der Gefahrenabwehr sowie der hilfsweisen Wahrnehmung von Aufgaben auf dem Gebiet der Verfolgung von Straftaten und Ordnungswidrigkeiten Hilfspolizeibeamtinnen und Hilfspolizeibeamte.

§ 12a Beamtinnen und Beamte des Justizvollzugs

Beamtinnen und Beamte des Justizvollzugs sind im Rahmen ihrer Vollzugsaufgaben auf dem Gebiet der Gefahrenabwehr, soweit es um den Bereich des Gefangenentransports geht, Hilfspolizeibeamtinnen und Hilfspolizeibeamte. Dies gilt nicht für Beamtinnen und Beamte auf Widerruf.

§ 13 Wachpolizei

Arbeitnehmerinnen und Arbeitnehmer des Landes, die bei den Polizeipräsidien tätig sind und Vollzugsaufgaben wahrnehmen, für die der Einsatz von Polizeivollzugsbeamtinnen und Polizeivollzugsbeamten nicht zwingend erforderlich ist (Wachpolizei), sind im Rahmen dieser Aufgaben auf dem Gebiet der Gefahrenabwehr sowie der hilfsweisen Wahrnehmung von Aufgaben auf dem Gebiet der Verfolgung von Straftaten und Ordnungswidrigkeiten Hilfspolizeibeamtinnen und Hilfspolizeibeamte. Sie sind zur Anwendung unmittelbaren Zwanges durch Hilfsmittel der körperlichen Gewalt und durch Waffen (§ 55 Abs. 3 und 4 des Hessischen Gesetzes über die öffentliche Sicherheit und Ordnung) ermächtigt. Zum Schlagstockeinsatz und Schusswaffengebrauch gegen Personen sind sie nur ermächtigt, wenn die Voraussetzungen des § 61 Abs. 1 Nr. 1 oder Nr. 4 Buchst. a des Hessischen Gesetzes über die öffentliche Sicherheit und Ordnung vorliegen; § 61 Abs. 2 des Hessischen Gesetzes über die öffentliche Sicherheit und Ordnung bleibt unberührt.

VIERTER TEIL
Prüffristen bei gefahrenabwehrbehördlicher und polizeilicher Datenspeicherung

§ 14 Regelmäßige Überprüfung

Personenbezogene Daten, die automatisiert oder in personenbezogen geführten Akten der Polizeibehörden und Gefahrenabwehrbehörden gespeichert sind, sind nach den sich aus den folgenden Vorschriften ergebenden Fristen regelmäßig daraufhin zu überprüfen, ob eine weitere Speicherung erforderlich ist. Die Prüfung hat unabhängig davon zu erfolgen, ob die Daten zu den in § 40 des Hessischen Datenschutz- und Informationsfreiheitsgesetzes genannten Zwecken oder zu anderen Zwecken gespeichert sind. Besondere Rechtsvorschriften über Prüffristen bei gefahrenabwehrbehördlicher Datenspeicherung sowie abweichende gesetzliche Prüffristen bleiben unberührt.

§ 15 Prüffristen bei tatverdächtigen Personen

(1) Bei Daten tatverdächtiger Personen betragen die Prüffristen:

1. bei Kindern zwei Jahre,
2. bei Jugendlichen fünf Jahre,
3. bei Personen über siebzig Jahre fünf Jahre,
4. bei anderen Personen zehn Jahre.

Bei Fällen von geringer Bedeutung verkürzt sich die Prüffrist bei Kindern auf ein Jahr, bei Jugendlichen auf zwei Jahre, im Übrigen auf drei Jahre.

(2) Automatisiert verarbeitete Daten sind zu löschen und die dazugehörigen Unterlagen sowie die Akten sind zu vernichten, wenn kein Anlass für eine erneute Aufnahme in die Datensammlung entstanden ist.

(3) Die Löschung und die Vernichtung können unterbleiben, wenn es sich um eine Straftat mit erheblicher Bedeutung handelt und tatsächliche Anhaltspunkte die Annahme rechtfertigen, dass die Person solche Straftaten begehen wird. Die Gründe für die Verlängerung sind aktenkundig zu machen. Spätestens nach zwei Jahren, bei Kindern nach einem Jahr, hat eine erneute Prüfung nach den gleichen Maßstäben zu erfolgen.

(4) Löschung und Vernichtung können auch unterbleiben:

1. bei einer Sexualstraftat nach dem 13. Abschnitt des Strafgesetzbuches, ausgenommen den §§ 183a, 184, 184f und 184g des Strafgesetzbuches, oder

2. bei einer sexuell bestimmten Straftat nach den §§ 211 bis 213 und 223 bis 228 des Strafgesetzbuches.

Spätestens nach fünf Jahren, bei Kindern nach zwei Jahren, hat eine Überprüfung nach Abs. 3 zu erfolgen.

(5) Tatverdächtige Person ist eine Person, die im Verdacht steht, eine rechtswidrige Tat im Sinne des § 11 Abs. 1 Nr. 5 des Strafgesetzbuches begangen zu haben, vorzubereiten oder vorbereitet zu haben.

§ 16 Prüffristen bei vermissten und sonstigen Personen

(1) Bei Daten vermisster Personen beträgt die Prüffrist:

1. in unaufgeklärten Fällen 30 Jahre,
2. in aufgeklärten Fällen fünf Jahre, bei Kindern zwei Jahre.

(2) Bei Daten, die nach § 20 Abs. 7 des Hessischen Gesetzes über die öffentliche Sicherheit und Ordnung über die in § 13 Abs. 2 Nr. 2 bis 5 des Hessischen Gesetzes über die öffentliche Sicherheit und Ordnung genannten Personen gespeichert sind, beträgt die Prüffrist bei Kindern zwei Jahre, im Übrigen drei Jahre.

(3) Bei personenbezogenen Daten, die zur Vorgangsverwaltung oder zu sonstigen Zwecken verarbeitet werden, beträgt die Prüffrist drei Jahre.

§ 17 Beginn der Prüffrist

(1) Die Prüffrist beginnt mit dem letzten Ereignis, das die Speicherung begründet hat, in Fällen des § 15 nicht vor Entlassung der betroffenen Personen aus einer Justizvollzugsanstalt oder der Beendigung einer mit Freiheitsentzug verbundenen Maßregel der Besserung oder Sicherung. Ereignis im Sinne des Satz 1 ist in Fällen des § 16 Abs. 1 Nr. 1 die Vermisstenmeldung und in Fällen des § 16 Abs. 1 Nr. 2 die Aufklärung der Vermisstensache. Sind die Daten zugleich in einer Verbunddatei des Bundeskriminalamtes gespeichert, richtet sich der Beginn der Prüffrist nach dem Ereignis, das die Speicherung in dieser Datei begründet hat.

(2) In den Fällen des § 16 Abs. 3 beginnt die Frist mit der erstmaligen Speicherung zu dem jeweiligen Zweck.

(3) Hängt die Länge der Prüffrist vom Lebensalter der betroffenen Person ab, ist das Lebensalter im Zeitpunkt des Ereignisses maßgebend.

§ 18 Zuständige Stellen

(1) Die Prüfung nach den §§ 15 und 16 obliegt der datenverarbeitenden Stelle. Werden die Daten von einer Stelle automatisiert verarbeitet, die nicht die dazugehörigen Unterlagen führt, ist diejenige Stelle zuständig, die die Unterlagen führt.

(2) Die datenverarbeitende Stelle unterstützt die in Abs. 1 Satz 2 genannten Stellen bei der Einhaltung der Fristen in geeigneter Weise.

FÜNFTER TEIL

Aufnahme in den Freiwilligen Polizeidienst und Aufwandsentschädigung

§ 19 Aufnahme

In den Freiwilligen Polizeidienst können Personen aufgenommen werden, die das achtzehnte Lebensjahr, aber noch nicht das fünfundsechzigste Lebensjahr vollendet haben. Mit Vollendung des siebzigsten Lebensjahres endet das Dienstverhältnis eines Angehörigen des Freiwilligen Polizeidienstes.

§ 20 Aufwandsentschädigung

Bei einer Heranziehung zur Dienstleistung sowie zur Aus- und Fortbildung erhalten die Angehörigen des Freiwilligen Polizeidienstes auf Antrag eine Aufwandsentschädigung durch die Kommunen in Höhe von sieben Euro für jede begonnene Stunde.

SECHSTER TEIL

Datenverarbeitung bei elektronischer Aufenthaltsüberwachung

§ 21 Datenverarbeitung durch die Gemeinsame elektronische Überwachungsstelle der Länder

Neben der nach § 31a Abs. 5 Satz 1 des Hessischen Gesetzes über die öffentliche Sicherheit und Ordnung zuständigen Polizeibehörde ist die Gemeinsame elektronische Überwachungsstelle der Länder für die Verarbeitung der in § 31a Abs. 5 Satz 1 des Hessischen Gesetzes über die öffentliche Sicherheit und Ordnung genannten Daten zuständig. Sie bedienen sich bei ihrer Aufgabenwahrnehmung der Hessischen Zentrale für Datenverarbeitung, die das technische System zur elektronischen Aufenthaltsüberwachung bereitstellt.

SIEBENTER TEIL

Schlussvorschrift

§ 22 Inkrafttreten, Außerkrafttreten

Diese Verordnung tritt am Tage nach der Verkündung in Kraft. Sie tritt mit Ablauf des 31. Dezember 2030 außer Kraft.